El Evangelismo Personal

Myer Pearlman

La misión de Editorial Vida es ser la compañía líder en comunicación cristiana que satisfaga las necesidades de las personas, con recursos cuyo contenido glorifique a Jesucristo y promueva principios bíblicos.

EL EVANGELISMO PERSONAL
Edición en español publicada por
Editorial Vida – 1959
Miami, Florida

©**1959 por Editorial Vida**

Diseño de cubierta: *Sarah Wenger*

ISBN: 978-0-8297-0552-2

CATEGORÍA: Ministerio cristiano/Evangelismo

IMPRESO EN ESTADOS UNIDOS DE AMÉRICA
PRINTED IN THE UNITED STATES OF AMERICA

24 ◆ 170

CONTENIDO

INTRODUCCION

Dios promete que su Palabra no retornará vacía, y es evidente que para que eso ocurra, se necesitan dos cosas:

1. Se debe emplear la Palabra de Dios al tratar con las almas.

2. Se debe conocer la Palabra de Dios para ser usada.

El obrero debe conocer el versículo o versículos que se aplican en cada caso, y debe saber dónde encontrarlos. No se crea que un conocimiento deficiente, a medias, es todo lo que se necesita. Recuerde que es la Palabra de Dios lo que se da, y debe darse correctamente. Aun las más cortas partículas conjuntivas, como "porque," "pero," "así," con frecuencia encierran un tesoro de significado que no debe despreciarse. La exactitud, asimismo, inspira confianza. Si aquél con quien se trata tiene la sensación que el obrero sabe de lo que habla, sus palabras tendrán mucho más peso que si tuviera un conocimiento superficial. ¡Con cuánta frecuencia he oído algo como lo siguiente: "Hay un versículo en la Biblia—creo que está en las epístolas de Pablo, no recuerdo bien si en 1ª. o 2ª. Corintios—pero de cualquier manera dice más o menos así..." ¿Cuáles son los resultados? Vaguedad, duda, completa falta de seguridad. ¡Cuánto mejor sería que el obrero pudiera decir: "Aquí en Juan 3:7 Dios dice: "No te maravilles de que te dije,"... y señalando el pasaje, el obrero pone la Biblia en las manos de su interlocutor y deja que lo lea, mientras él lo cita de memoria! Dediquemos, entonces, tiempo para aprender la Biblia, saber qué versículos necesitamos, saberlos de memoria, el lugar dónde se encuentran. El provecho no será solamente para los demás, puesto que al aprender la Palabra a fin de predicarla a otros, Dios la grabará en nuestro propio corazón, y será así un beneficio doble. Si la labor nos parece demasiado grande, o nuestra mente capta la verdad con lentitud, recordemos que estamos aprendiendo la Palabra de Dios, de manera que podemos contar con su ayuda.

Quizá los puntos siguientes nos sean de ayuda: LEMA: "TODO LO PUEDO EN CRISTO QUE ME FORTALECE," (Filipenses 4:13).

1. Primero aprenda el significado del versículo como un todo, es decir, entiéndalo.

2. Luego estúdielo palabra por palabra. Cierre los ojos y represénteselo mentalmente.

3. Muchas personas descubren que el escribirlo varias veces constituye el mejor método para ellos. Otros descubren que es mejor recitarlo en alta voz.

4. Note en qué circunstancias fué dado el versículo. Esto es de valor especial en lo que respecta a aprender el lugar dónde se encuentra.

5. Descubra alguna relación entre las palabras del versículo y dónde se encuentra. Por ejemplo, "todo lo puedo en Cristo que me fortalece." Filipenses 4:13. Nótese que las tres últimas letras

de "fortalece"—ece—son iguales a las tres últimas de tr*ece*. Ud. podrá notar otras relaciones si lee detenidamente los versículos.

6. Aprenda bien un versículo y el lugar donde se encuentra antes de pasar a otro. "No es cuánto estudiamos o leemos lo que vale, sino lo que retenemos."

7. No crea que no puede recordar las citas, o dónde se encuentra el versículo, puesto que lo puede. Mire el lema de nuevo.

8. Repase con frecuencia. Aprenda un nuevo versículo, y luego repase los otros versículos aprendidos de la lección, y asimismo una lección vieja. (Para muchas personas, un nuevo versículo con el repaso es suficiente para cada día.)

9. Si fuera posible, pida que alguno le escuche recitar el versículo o pasaje a fin de corregirle cualquier palabra que hubiera aprendido incorrectamente.

10. No trate de aprender de memoria cuando tiene cansada la mente. Por la mañana temprano, por lo general, la mente está en condiciones óptimas.

11. Lo que se pone en práctica de inmediato no se olvidará por lo general.

La mente mejora con el uso. A veces uno la deja enmohecer, y luego necesita "aceite."

Recuerde que "el desánimo nunca procede de Dios, sino del diablo." Es su arma más fuerte.

El equipo necesario. Es muy práctico y de mucha ayuda para aprender de memoria estos versículos, preparar una libreta de apuntes que puede ser llevada con facilidad, y consultada de inmediato. Una pequeña libreta o cuaderno de hojas sueltas, y una Biblia barata, de donde recortará los versículos que necesita y los pegará en la libreta, es todo lo que necesita. Si no quiere recortar versículos de la Biblia, los puede escribir y pegar en la libreta o cuaderno. Cuando se haya escrito el encabezamiento de cada lección en la parte superior de la página, y los versículos y las citas se hayan colocado debajo, el obrero descubrirá que tiene un libro muy valioso y de mucha ayuda para el estudio.

Es también muy práctico confeccionarse una lista personal o cadena de citas en la propia Biblia. En las dos últimas páginas en blanco de la Biblia, escriba la lista de citas bajo los encabezamientos respectivos. Luego en la Biblia marque con señales diferentes, tales como *, +, &, o con distinto color, según cada encabezamiento, los versículos correspondientes a las citas. Junto a cada versículo así marcada en la Biblia, debe colocar la cita del versículo que lo sigue en su lista, bajo el mismo encabezamiento, a fin de poder pasar en su Biblia de un versículo a otro del mismo tema, sin tener que recurrir a la lista. Se trata de un método espléndido, MAS NINGUNO DEBE PENSAR QUE ESTE METODO PUEDE REEMPLAZAR AL APRENDIZAJE DE MEMORIA DE LOS VERSICULOS.

LECCION 1

LA OBRA Y LOS OBREROS

Al emprender el estudio del evangelismo personal, antes de considerar COMO realizar dicho trabajo, consideremos primero POR QUE, DONDE y CUANDO debe realizarse el trabajo personal. Quizá parezca innecesario para un hijo de Dios considerar estos puntos aun por un momento, y sin embargo, algunos de nosotros quizá no comprendamos por completo la obra que se nos ha encomendado, mientras que para aquellos que quizá comprendan con más amplitud, seguramente no estará fuera de lugar escuchar las palabras de Pedro, en el sentido de despertar "con exhortación vuestro limpio entendimiento."

¿POR QUE?

1. *Porque el Señor lo ordenó*. "Id por todo el mundo; predicad el evangelio a toda criatura." Marcos 16:15. ¿Podría hijo alguno que ha sido lavado en la sangre del Calvario hacer otra cosa que obedecer? ¿Querría cualquier hijo de Dios que sabe el precio que costó esa sangre hacer otra cosa que obedecer? Estamos tan inclinados a buscar todo lo bueno que el Señor ha adquirido para nosotros, y que nos ofrece; mas ¿estamos solamente dispuestos a RECIBIR, pero no a DAR? ¿Nos hemos regocijado ante las maravillas de Juan 3:16, para eludir luego las responsabilidades de

1 Juan 3:16? "Muy ocupados," nos decimos. Y añadimos: "Muy cansados," "demasiadas preocupaciones." Mas ¿estaba el Señor demasiado ocupado en el cielo para venir a redimir al hombre? ¿Estaba demasiado cansado en circunstancias que se sentaba junto al pozo, para hablar la palabra que hizo acudir a toda una villa a su Dios? ¿Le impedían las responsabilidades asumidas respecto de la multitud escuchar las palabras del ciego Bartimeo, o debido al apremio no podía satisfacer las necesidades de la mujer que le tocó entre la multitud, o estaba demasiado apresurado para escuchar el llamado de los diez leprosos que se encontraban junto al camino? ¿Seremos como los nueve que no retornaron para darle gloria? Recordemos que nosotros también somos sólo "samaritanos" y "extranjeros." De manera que, sabiendo lo que ha hecho por nosotros, glorifiquemos a Dios y démosle gracias obedeciendo su Palabra.

2. ¿POR QUE? *Porque tenemos una mayordomía que se nos ha encomendado, una responsabilidad de la cual debemos responder ante el Señor.* Hemos estado contemplando el pasado, miremos ahora el futuro, el día que anhelamos, ese día cuando le veremos a nuestro Salvador resucitado, ese día que seguramente no está distante. Hemos recibido a Cristo; estamos edificando sobre el fundamento, fuera del cual no hay otro alguno, pero ¿sobre qué estamos edificando? ¿Qué revelará el fuego? "¿Madera, heno,

hojarasca?" ¿O será "oro, plata, piedras preciosas" que queremos que se revele? ¿Guardamos nosotros, como el siervo de la parábola, la mina en un pañuelo? Muy pronto veremos a ese "Hombre Noble," que "partió a una provincia lejos, para tomar para sí un reino, y volver." ¿Le recibiremos con gozo, o con vergüenza? Pensemos por unos momentos LO QUE SIGNIFICARIA PARA NOSOTROS, SUS HIJOS REDIMIDOS, SI NO ESCUCHARAMOS DE LABIOS DEL SEÑOR LAS PALABRAS DE "BIEN, BUEN SIERVO Y FIEL."

3. ¿POR QUE? Porque es nuestro *PRIVILEGIO*. Dios no *necesitaba* al hombre para predicar su mensaje de salvación; podría haber hablado directamente a los corazones individuales; podría haber empleado a los ángeles, el viento, las olas. Todo estaba a sus órdenes. ¿Por qué fué entonces que le pidió al hombre que anunciara su mensaje, al hombre, que había descuidado de tal manera la tarea que se le había encomendado, el hombre que es un ser tan lleno de fracasos, tan débil? Era el método de Dios de ayudar al hombre, dándole la manera mediante la cual podía alcanzar grandes recompensas, un privilegio que se le había conferido. Nada podíamos hacer para alcanzar nuestra salvación. Nos fué dada como un don o dádiva. Mas ahora el Señor ha dejado expedito un camino mediante el cual podemos recibir recompensas por la fidelidad, es decir, gobierno sobre diez ciudades o cinco; pero la mayor recom-

pensa para nosotros todos, estoy seguro, serán las palabras aprobatorias del Señor que dice: "Bien, buen siervo y fiel." No pensemos de la labor, sino comprendamos que es nuestro gran privilegio, una forma mediante la cual podremos alcanzar su aprobación y dar gloria a su nombre.

4. ¿POR QUE? *Porque el mundo está perdido.* Camina por la senda ancha que "lleva a la destrucción." Algunos que se encuentran en dicha senda viajan por ella de voluntad. La senda angosta que lleva en dirección opuesta les parece muy angosta, muy limitada, restringida. Otros viajan por ella sin saberlo, con dolor, puesto que la otra senda no se les ha sido señalada. Mas ya sea por la ceguera de la ignorancia, o la ceguera de aquéllos que "tienen ojos, y no ven," es lo mismo, y la destrucción espera a ambos al final del camino. Debemos entonces colocarnos en la encrucijada del camino, señalando la senda que corresponde, y advertir a todos los que están dispuestos a obedecer.

ALMAS

La visión de una misionera en la India tenebrosa.

Se oyó durante toda la noche el batir quejumbroso de los tambores, y la densa obscuridad palpitaba a mi alrededor. No podía conciliar el sueño, de manera que permanecía tendida en mi lecho, con los ojos abiertos. De repente, un panorama se abrió ante mis ojos:

Me parecía estar en una llanura cubierta de vegetación. A mis pies se abría un abismo de profundidad infinita. Miré, sin alcanzar a divisar el fondo. Flotaban en las profundidades formas negras y grotescas, como de nubes, que se arremolinaban y cernían sobre sombrías cavernas y precipicios. Dí un paso atrás, mareada.

Y luego vi la silueta de personas que caminaban en una fila por la grama. Todas se dirigían al borde del precipicio. Noté especialmente a una joven. Al acercarse, noté que era ciega. Llegó al borde y dió un paso en el vacío. Aún resuena en mis oídos el grito desgarrador que dió al precipitarse en el abismo.

Luego vi a muchos otros que venían de todas partes. Todos estaban ciegos; todos avanzaban directamente al precipicio. Se oían gritos lastimeros al sentirse caer. Agitaban los brazos, tratando de aferrarse a algo sólido, mas los rodeaba sólo el vacío. Algunos, empero, rodaban al precipicio en silencio, sin gritar.

Y me asombré, con un asombro que era agonía, por qué nadie los detenía en el borde. Yo no podía hacerlo. Estaba pegada al suelo y no podía llamar. Aunque traté de hacerlo varias veces, sólo salía de mi garganta un susurro.

Luego observé a lo largo de la orilla, a intervalos regulares, había centinelas. Pero la distancia entre los centinelas era muy grande, y nada protegía esas brechas. En esas brechas la gente se despeñaba al abismo, ciega y sin que nadie le advirtiera el peligro. Y me parecía que la grama estaba regada de sangre, y que el abismo abría sus fauces, como la boca del infierno.

Luego observé, como remanso de paz, a un grupo de gente bajo unos árboles, que con la espalda hacia el abismo, hacía ramitos de margaritas. A veces, cuando un grito desgarrador hendía el aire, y llegaba a sus oídos, los perturbaba, considerando vulgares los gritos. Y si uno de ellos se encaminaba hacia el abismo y quería hacer algo para ayudar, luego todos los demás se lo impedían. "¿Por qué se conmueve? Después de todo, no ha terminado de hacer los ramos." Y añadían: "Sería egoísta dejarnos para que terminemos solos el trabajo."

Había otro grupo cuyo deseo primordial era enviar más centinelas. Pero descubrieron que muy pocos querían ir, y a veces no había centinelas por una distancia de varios kilómetros a lo largo del borde del precipicio.

En cierto momento vi a una joven sola en su lugar, haciendo señas a la gente para que se volviera. Pero la madre y otros familiares la llamaron, recordándole que había llegado el momento de tomar vacaciones. Debía cumplir los reglamentos. Y cansada, y necesitada de un cambio, fué a descansar por un tiempo. Pero ninguno fué enviado para ocupar el lugar que quedaba vacante, y la gente continuaba precipitándose al abismo como cascada de almas.

Cierta vez vi a un joven que se sostenía de

una mata, en el mismo borde del abismo. Aferrado con las dos manos, pedía auxilio, pero nadie acudía. Luego la mata cedió, y el joven se precipitó al abismo, sosteniendo entre sus manos crispadas la mata. Y la joven que deseaba volver a su puesto creyó oír el grito del joven, y se puso de pie, pero los demás a su alrededor le reprocharon, recordándole que nadie es necesario, en ninguna parte. Manifestaron que estaban seguros que alguien protegería el sitio vacante. Y luego cantaron un himno.

Y en medio del himno se oyó así como si los sufrimientos de un millón de corazones quebrantados se condensara en un sollozo. Y el horror de la gran obscuridad me rodeaba, puesto que sabía lo que era: el grito de su sangre.

Luego resonó una Voz, la Voz del Señor. Y dijo: "¿Qué has hecho? La voz de la sangre de tu hermano clama a mí desde la tierra."

Resuena aún con intensidad el repicar de los tambores, y la obscuridad me rodea y envuelve. Oigo los gritos destemplados de los participantes en la danza del diablo, y los chillidos de los poseídos del demonio, congregados junto a la puerta exterior.

¿Y qué importa después de todo? Se han repetido durante años, y seguirán repitiéndose por mucho tiempo en lo porvenir. ¿Por qué preocuparte, entonces?

¡Que Dios nos perdone! ¡Que Dios nos despierte! ¡Que Dios nos avergüence hasta que abandonemos esta insensibilidad, hasta que dejemos nuestros pecados!—Amy Wilson Carmichael, en *"Things As They Are:"*

¿DONDE?

"Y el campo es el mundo." Para ti, para mí, "por todo el mundo," "a toda criatura" quizá signifique el Africa, China o la Amércia del Sur; o quizá nuestro propio país, estado o ciudad. Mas cualesquiera sea el lugar—allende los mares o en su propio país—indudablemente significa que debemos de testificar ante toda persona con la cual establecemos contacto. Tal vez tengamos que hacerlo ante el salvaje, cuyo cuerpo desnudo y pintarrajeado nos ofrece un aspecto horrible y repulsivo; o ante el mercader de ropas mugrientas en el mercado oriental; o ante el devoto del templo, cuya adoración va acompañada de infames ritos paganos; o ante el latinoamericano de ojos tristes, arrodillado ante un crucifijo, adorando a un Cristo muerto, a quien no puede conocer; o quizá ante el hombre sentado al escritorio en la oficina, o el obrero junto a la máquina de su taller, o el carnicero, el alumno en la escuela dominical, el vecino, el hermano, el padre. La persona o el lugar carecen de importancia. Mas el alma del hombre, que corre peligro de perderse, constituye nuestra responsabilidad y nuestra oportunidad.

Sí, las almas a quienes podemos llevar a los pies de Cristo nos rodean por todos lados, si tan sólo miramos a nuestro alrededor. En las camas de los hospitales yacen los enfermos, los cansados, los débiles, desalentados, sala tras otra repleta de ellos. Con frecuencia están bien dispuestos a escuchar el mensaje y a leerlo. ¡Qué oportunidades se nos presentan aquí de hablar de Aquel que dijo: "Venid a mí todos los que estáis trabajados y cargados, que yo os haré descansar;" de testificar de quién "anduvo haciendo bienes, y sanando a todos los oprimidos del diablo; porque Dios era con él," y que "es el mismo ayer, y hoy, y por los siglos;" de presentar ante sus ojos "la esperanza bienaventurada" de la iglesia verdadera que abandona este mundo sumido en el dolor y la muerte para ser arrebatada en las nubes, a fin de recibir al Señor en el aire, después de lo cual el Señor "limpiará toda lágrima de los ojos de ellos"! ¿Puede el hombre buscar un sitio más necesitado, o un lugar que ofrezca mayores oportunidades para servir al Maestro? Recordemos que las cárceles están atestadas de aquéllos que están compenetrados de sus necesidades, que ahora tienen tiempo de escuchar el mensaje de la salvación, y meditar en su significado. ¡Qué lugar más apropiado para exaltar a Aquel que amó a los desventurados, a Aquel que aún cuando éramos pecadores... "murió por nosotros"! "He aquí el Cordero de Dios, que quita el pecado del mundo." ¡Cuántas y variadas son las oportunidades que se nos presentan en los trenes, en las estaciones, en los tranvías! Se cuenta de una dulce ancianita de cabellos blancos que a pesar de sus múltiples ocupaciones y sus escasas reservas físicas prefería siempre viajar en tranvía al centro, a fin de realizar trabajo personal entre los viajeros. Después de pedir la dirección divina mediante la oración, la ancianita se sentaba junto a la persona a la cual había sido dirigida por el Señor, y muy pronto comenzaba a dar su testimonio. Empero este ministerio era sólo el comienzo, puesto que por la mañana la ancianita oraba, intercediendo ante el Señor por las personas que figuraban en su lista, hasta que sabía que eran salvas. Ciertamente "aun en la vejez fructificarán." "Dichosos vosotros los que sembráis sobre todas aguas." ¿DONDE? EN TODAS PARTES. En todas partes hay personas tristes, angustiadas, que sufren, desilusionadas. Nos rodean almas que sin nuestro mensaje se pierden, se pierden mientras nosotros tenemos la Palabra que les daría vida. "Alzad vuestros ojos, y mirad las regiones, porque ya están blancas para la siega." Juan 4:35.

"Diciendo yo al impío: Impío, de cierto morirás; si tú no hablares para que se guarde el impío de su camino, el impío morirá por su pecado, mas su sangre yo la demandaré de tu mano. Y si tú avisaras al impío de su camino para que de él se aparte, y él no se apartare de su camino, por su pecado morirá él, y tú libraste tu vida." Ezequiel 33:8, 9.

¿CUANDO?

Ahora mismo es el momento oportuno. Está dirigido a los pecadores el pasaje de 2 Corintios 6:2 que dice: "He aquí ahora el tiempo aceptable; he aquí ahora el día de salud." ¿Mas no nos está dirigido también a nosotros, que somos responsables de su salvación? "¿Cómo, pues, invocarán a aquel en el cual no han creído? ¿y cómo creerán a aquel de quien no han oído? ¿y cómo oirán sin haber quien les predique?" Romanos 10:14. Sí, "hoy es el día de salvación," y hoy es el día de nuestra responsabilidad. Quizá te digas: "Espero mi nombramiento misionero," o "tengo la esperanza de realizar una gira evangelística este verano," o "no se me presentan oportunidades ahora, pero creo que en el futuro cercano Dios me dará un ministerio." ¿"Mi nombramiento," "este verano," "en el futuro," cuando hay millones de personas a nuestro alrededor, personas por quienes Cristo murió? Alguien ha dicho lo siguiente: "El infierno estará poblado de salvados." ¿Salvado, y en el infierno? Así es, precisamente. El Señor Jesucristo murió por *todos*. Es el "Cordero de Dios, que quita el *pecado del mundo.*" "*El Salvador de todos los hombres, mayormente de los que creen.*" ¿Osaremos demorarnos en darles el mensaje de que son salvos? Son salvos, puesto que sus pecados han sido expiados por Jesucristo. Nada se interpone entre el hombre y su Dios, si cree en la obra redentora y la acepta. ¿No podemos acaso darles las buenas

17

nuevas de inmediato? Mañana será quizá demasiado tarde, y otra alma tal vez haya entrado en el infierno simplemente porque nosotros guardamos silencio. ¿Osaremos permitir que otras cosas adquieran preeminencia, o esperaremos hasta que se nos presente una oportunidad mejor? Ayer ocurrió un accidente en el cual perdió la vida un amigo. Una de las camas de la sala del hospital que visitamos estaba vacía. Esta alma que voló a la eternidad, ¿era salva? ¿Conocía al Señor? Lo pensamos tan poco. ¡Tantos mueren diariamente! Mas, ¿en cuánto avaluamos nuestra salvación? ¿Es el alma de nuestro prójimo de menos valor? No, puesto que fué comprada por el mismo precio conque la nuestra fué adquirida, con la sangre preciosa vertida en la cruz del Calvario por el Hijo de Dios.

¿CUANDO? Comencemos de inmediato, con todo empeño la tarea que se nos ha encomendado. Prediquemos la Palabra, instemos a tiempo y fuera de tiempo. Oremos que mientras hablamos, el Espíritu Santo convencerá y despertará a los oyentes. Pidamos al Señor que nos haga conscientes de nuestra responsabilidad, que nos haga comprender el valor de un alma. Golpean a la puerta: otra interrupción. Y hay tantas todos los días. Ojalá los vendedores no vinieran con tanta frecuencia. ¿Qué? Quizá sea el Señor que nos envía a nuestras mismas puertas a aquél a quien quiere que le demos la Palabra de vida.

¡Oh, que hubiera una pasión por las almas,
Un amor que ame de verdad,
Un fuego que arda hasta la muerte
Encendido de dolor por los demás!
¡Oh, que hubiera en la oración poder triun-
fante,
Que conquiste y convierta al pecador
Oración que sea ofrenda y sacrificio
De un santo y rendido corazón!

¿CUANDO? Se nos dice que sesenta y seis personas—inconversas—mueren por minuto. ¡Sesenta y seis personas por minuto! En actitud orante saquemos el reloj y contemos en alta voz durante un minuto, mientras el segundero gira por la esfera, y pidamos al Señor que nos haga comprender lo que ello significa. Más de un alma muere por segundo. ¡Despiértanos, Señor, despiértanos!

¿COMO?

Cuando comprendemos la responsabilidad que hemos contraído ante el Señor, que nos ha comisionado, y ante estas almas que sin nosotros están perdidas, comprendemos cuán incompetentes e insuficientes somos para la tarea que se nos ha encomendado.

Cuando Roberto Morrison se encontraba en el muelle listo para emprender solo el viaje a la China, a fin de realizar obra misionera en el Celeste Imperio, cierta persona se burló diciendo: "Y bien, señor Morrison, ¿espera sin duda causar impresión en el pueblo idólatra del gran imperio chino?" "No señor, Dios lo hará," fué la respuesta inmediata. En Dios residía la fortaleza de Morrison, y en Dios reside la nuestra. Si en nuestra predicación tuviéramos que emplear nuestras palabras y nuestra facultad de persuasión, la tarea sería imposible; pero gloria a Dios, no tenemos que hacer nada de eso, ni se espera que lo hagamos. Es la Palabra la que debemos predicar, y es la Palabra la que no retornará vacía. Es el Espíritu el que aviva la Palabra, y es el Espíritu el que suministra vida. Debemos ser sólo el portavoz que da la Palabra de Dios, al ser avivado por el Espíritu Santo. Seguramente que podemos hacer esto. Al Señor le atañe la responsabilidad, a nosotros nos corresponde la obediencia.

Al estudiar la materia de *cómo* podemos llevar hombres a los pies de Cristo, existen unas cuantas reglas generales definidas que deben mencionarse en primer término:

1. Una persona, para llevar almas a los pies de Cristo, debe en primer lugar saber que es una *"persona renacida."* Esta cualidad es absolutamente esencial. "Jamás podremos elevar a nadie por sobre el nivel en que nos encontramos nosotros." Puesto que "de la abundancia del corazón habla la boca," sólo podemos hablar a otros con éxito de aquéllas cosas que hemos experimentado en nuestro corazón y nuestra vida.

2. La persona debe ser *"llena del Espíritu."*

La Palabra de Dios nos enseña que es necesario el poder del Espíritu para testificar por Cristo. Esto no significa que porque un hijo renacido de Dios no haya recibido el bautismo en el Espíritu Santo no debe tratar de llevar a otros a los pies del Salvador. No, quiere decir simplemente que este poder para llevar almas a Cristo aumentará de tal manera después de recibir el Espíritu en su plenitud, que debe estar más determinado que nunca de recibir en él la presencia y el poder del Espíritu Santo.

¿Se notaron las palabras iniciales del párrafo? No es suficiente el que hayamos recibido el Espíritu Santo en el pasado, sino que debemos estar conscientes de la presencia y poder continuos del Espíritu en nuestra vida. Una mejor traducción de Efesios 5:18 sería la siguiente: "Sed continuamente llenos del Espíritu." En Hechos 4: 29-31, cuando los discípulos necesitaban nuevo valor y poder para hacer frente a la persecución que se había desencadenado a su alrededor, oraron para que el Señor les concediera valor, y el Señor respondió a la oración dándoles un nuevo revestimiento del Espíritu Santo. De manera entonces que si necesitamos nuevo poder para hacer frente a los requisitos presentes, clamemos nosotros también a Dios y él, que no hace acepción de personas, escuchará nuestro llamado de la misma manera que escuchó el suyo.

3. Aquel que procura llevar a otros a los pies de Cristo debe procurar conducirse rectamente.

Se, ha dicho que lo que *somos* con frecuencia se destaca de tal manera que la gente no puede oír lo que *decimos*. Si nuestras palabras no son respaldadas por nuestras vidas, luego son, como los dones sin el amor, "como metal que resuena o címbalo que retiñe." "Somos embajadores de Cristo." Cumple a un embajador representar como corresponde al soberano que lo envía. Nuestro Soberano es el Rey de reyes y Señor de señores. Tratemos por todos los medios de representar como corresponde al Señor en esta tierra en la cual somos extranjeros y peregrinos. Se nos ha conferido un cargo superior a cualquier otro que puede ofrecer el mundo, mas las demandas del cargo son también superiores. No debemos causar oprobio al Señor por nuestras palabras, nuestros actos o nuestra apariencia.

Se nos ha llamado para que seamos un pueblo separado, un "pueblo singular," no conforme a este mundo, sino transformado. El mundo nos observa con mirada interrogante, con dudas: a veces con anhelos, y hasta deseos; a veces con una actitud severa, condenatoria, escéptica. ¿De qué manera reaccionamos ante esas miradas? ¿Cuál es el veredicto? ¿Le acarreamos la gloria o el reproche? ¿Demostramos por nuestra conducta el poder preservador de aquel que es capaz de salvar hasta lo sumo? ¿Dejamos demostrado que las riquezas de Cristo superan de tal forma las riquezas que nos rodean, que este mundo con sus modas no tiene ya atractivo para uno que no posee aquí residencia, sino que mira a la ciudad, cuyo "artífice y hacedor es Dios"? ¡El mundo piensa con frecuencia que sólo soportamos nuestra salvación! que no asistimos a las diversiones a nuestro alrededor porque no debemos, que no seguimos la moda porque no nos atrevemos. Mas ¡oh! demostremos al mundo por medio del rostro el gozo del Señor; manifestemos por medio de nuestra conducta que no añoramos, ni por un momento, los goces de este mundo, puesto que nuestra comunión con el Señor los eclipsa de tal manera, que nos sorprende que en el pasado nos llamaran la atención. Demostremos por nuestra apariencia que podemos en realidad estar en el mundo, pero sin pertenecer a él. "La apariencia," dice Ud. "¿Ropas? ¿Cabello? ¿Debemos parecernos siempre a personas anticuadas, vestir ropas pasadas de moda?" No, pero uno debe vestirse de "hábito honesto... como conviene"... a personas... "que profesan piedad." "Hacedlo todo a gloria de Dios," o de lo contrario, no lo hagáis. Debemos de recordar siempre a quien representamos aquí. "¿No sabéis que la amistad del mundo es enemistad con Dios?" "Salid de en medio de ellos, y apartaos, dice el Señor, y no toquéis lo inmundo; y yo os recibiré." "Limpiaos los que lleváis los vasos de Jehová."

"Pero" se dirá el lector, "¿cuál debe ser nuestra conducta? ¿Hasta dónde puede uno ir?" Cuando surge la pregunta respecto de cuánto podemos aproximarnos al mundo, recuerdo siempre una ilustración. Es la siguiente: Un hombre, que deseaba emplear a un chófer, tomaba examen a varios candidatos. "Y si Ud. manejara por una carretera que corre junto a un precipicio, ¿a qué distancia del borde podría manejar sin desbarrancarse? "Un metro," "Medio metro," "Veinticinco centímetros," fueron las respuestas. Pero el hombre no parecía satisfecho hasta que otro respondió: "Yo conduciría el coche tan lejos del borde del precipicio como fuera posible." De manera que nosotros también debemos caminar tan lejos del borde del abismo como nos sea posible, puesto que el gran Soberano, nuestro Dios, nos ha encomendado una importantísima misión, y el mensaje que llevamos no deberá sufrir contratiempos en el camino.

4. El creyente no podrá ser un obrero verdadero a menos que sea un hombre de *oración*. La oración es la fuerza que abre todas las puertas, quita todas las barreras. "La iglesia marcha sobre sus rodillas." Con frecuencia llega el momento cuando comprendemos que una palabra más provocaría contrariedad. Es entonces cuando comprendemos que sólo mediante la oración podemos alcanzar un alma. Esto es particularmente cierto en nuestra propia familia y entre nuestros amigos. ¿No debemos acaso testificar ante ellos? Sí, pero uno debe cuidarse de no repetir demasiado las palabras. Es mediante nuestra vida y nuestras oraciones que conseguimos aquí la victoria. Sólo mediante la oración perseverante

24

se llevan almas a los pies de Cristo. ¿Es acaso el precio demasiado elevado? "Los que sembraron con lágrimas, con regocijo segarán. Irá andando y llorando el que lleva la preciosa simiente; mas volverá a venir con regocijo, trayendo sus gavillas."

5. Una persona debe seguir siempre la *dirección* del Señor con respecto a quién debe dirigirse, y qué palabras decir, puesto que solamente Dios sabe qué corazón está preparado y qué necesidad particular tiene. Y por lo general, es mejor testificar a personas de más o menos nuestra misma edad; el hombre debe dirigirse al hombre, y la mujer a la mujer. Sin embargo, en el caso de hombres y mujeres de mayor edad, se ha observado que tienen mucho éxito entre los jóvenes de ambos sexos. Se obviarán muchas dificultades si se sigue por lo general esta regla, salvo en casos en que el Señor, en forma definida, nos dirige a que hagamos algo diferente.

6. Siempre que sea posible, el obrero personal debe hablar *a solas* con la persona con quien trata, puesto que disminuye las interrupciones, y elimina momentos embarazosos.

7. El creyente debe trabajar inspirado del *amor*, amor hacia Dios y amor hacia el alma. El amor es siempre la fuerza que triunfa. Fué el amor el que preparó el camino de la salvación; fué el amor el que lo dejó expedito; "El amor de Cristo" debe constreñirnos o impulsarnos a testificar; y el amor debe reflejarse en la forma que

damos el mensaje. Se ha dicho que "se pueden cazar más moscas con una gota de miel que con un barril de vinagre."

8. *Exalte siempre a Cristo.* "Y yo, si fuere levantado de la tierra, a todos traeré a mí mismo." El es el poder que atrae, y él es aquél a quien deben ser atraídos. El obrero debe ocupar un lugar secundario en cuanto sea posible. No debe atraerse a los hombres hacia sí, sino que debe llevarlos a los pies de Cristo. Durante la entrada triunfal en Jerusalem, pocos fueron los que notaron el pollino en el que se sentaba Jesús, pero fué en el Señor en quien fijaron los ojos. He aquí lo que nos corresponde: exaltar a Cristo.

9. Siempre es bueno recordar que con frecuencia las dificultades quedan solucionadas casi de inmediato cuando *caemos sobre las rodillas.* Puesto que las dificultades del que busca a Dios se esfuman milagrosamente cuando clama a Dios con toda sinceridad, es bueno sugerir arrodillarse tan pronto como sea posible.

10. Si quiere ver sus esfuerzos coronados por el éxito, el obrero personal debe desplegar mucho *tacto.* No debe asumir una actitud de superioridad, sino que debe colocarse al mismo nivel de la persona con quien trata, siempre que le sea posible. "A todos me he hecho todo, para que de todo punto salve a algunos." 1 Corintios 9:22.

11. El obrero personal no debe pensar que su labor ha terminado cuando lleva un alma a los pies de Cristo. El nuevo convertido necesita *con-*

26

sejos definidos respecto de cómo vivir la vida cristiana, que abarca la confesión de Cristo ante los hombres, bautismo en agua, bautismo en el Espíritu Santo, formar parte de la iglesia, lectura bíblica diaria, oración diaria, diezmos, y así sucesivamente. Mucho se pierde a veces cuando no se administran los consejos necesarios. Siempre que sea posible, uno debe mantener estrecha relación con el recién convertido, puesto que es un recién nacido, un hijo en el evangelio. El padre es responsable del crecimiento de su hijo. Al creyente que acaba de aceptar al Señor se le debe proporcionar "la leche espiritual, sin engaño," para que por medio de ella pueda crecer en salud, hasta convertirse en un hombre perfecto, "a la medida de la edad de la plenitud de Cristo."

12. Si un alma no acepta al Señor después que se ha dicho y hecho todo lo posible, no por ello termina ahí la responsabilidad del obrero personal. Sus palabras han sido ora "olor de vida para vida," u "olor de muerte para muerte." *Ore* que el Espíritu Santo estampe de tal manera su Palabra en el corazón reacio, que se vea obligado a rendirse.

13. Un *tratado* apropiado se puede emplear frecuentemente con mucho éxito. Asegúrese que es apropiado. Compenétrese del contenido de sus tratados antes de distribuirlos. No le dé un tratado relativo a la salvación a una persona que ha caminado por la senda de justicia por muchos años, ni un tratado respecto de alguna revelación

profunda de las Escrituras a una persona que no conoce al Señor. Consejos como éstos parecen innecesarios. Sin embargo, hay personas que hacen constantemente lo que acabamos de señalar. Hay algunos tratados, como por ejemplo los relativos a la Segunda Venida de Cristo, que son adecuados para distribuir entre los conversos e inconversos. Una carta *escrita con tacto* da con frecuencia muy buenos resultados. Por medio de ella se puede despertar un profundo interés en la salvación, y en ella se puede relatar la historia completa de la salvación. Casi siempre se lee una carta hasta el fin, y con frecuencia varias veces.

14. El obrero *no debe sentir temor.* Tres cosas deben recordarse, a saber:

(1) El esfuerzo del obrero personal, aun cuando aparentemente fracase, cuando menos no hará daño alguno. "El que no cree, ya es condenado, porque no creyó en el nombre del unigénito Hijo de Dios." Juan 3:18. Quizá el alma será salva por medio de lo que Ud. ha dicho. *Que la esperanza desaloje el temor,* "que a su tiempo segaremos, si no hubiéremos desmayado."

(2) Los errores pueden convertirse en peldaños que conducen al éxito. La forma más segura de adquirir conocimientos es por medio de nuestros errores. Si comete errores al principio—y los cometerá—haga un inventario cuanto antes de la situación a fin de descubrir en dónde fracasó, y qué debía de haber hecho. El peor error de

todos es el de paralizar toda actividad debido al temor.

(3) El que dijo: "Id"... "doctrinad," manifestó también lo siguiente: "Yo estoy con vosotros todos los días." Su compañía, su presencia nos proporcionará la sabiduría, el tacto y el poder necesarios para triunfar.

COMO COMENZAR

¿Cómo debemos iniciar el tema de la salvación? ¿Mediante qué palabras, o de qué manera debemos abordarlo? Por lo general, las circunstancias del caso lo determinarán, como por ejemplo el lugar, y el tiempo de que se dispone. Si uno va a tratar con una persona conocida, a quien se ve con frecuencia, lo mejor sería ganarse su afecto y confianza antes de abordar el tema de la salvación. Si se trata de personas en el tren, o en cualquier otro lugar donde nos será posible conversar por una hora, uno puede fácilmente orientar la conversación hacia el tema que se desea, y con tacto, se puede lograr a veces que nuestro interlocutor sea quien primero haga una observación. Si se dispusiera de menos tiempo, un tratado puede facilitar la conversación, o casi cualquier tema puede emplearse para entrar de inmediato en materia. Se puede aludir al dolor y sufrimientos que nos circundan para señalar que llegará el día cuando los que están preparados serán quitados de este mundo de sufrimientos. La enfermedad puede emplearse como base para hablar del gran Médico que pagó el precio para el rescate del cuerpo y del alma. La muerte sugiere el día cuando se abrirán las tumbas; la muerte repentina, la necesidad de estar preparado. La inconstancia y frivolidad de este siglo con señales que nos recuerdan que el fin de los siglos se acerca con rapidez. Hasta la política se puede emplear como tema para hablar del Rey que reinará con justicia. El paisaje, el tiempo, casi cualquier tema se puede emplear para arribar de inmediato a nuestro objetivo.

Si uno le habla a la gente en un servicio religioso, el camino es aún más sencillo, puesto que aquí se puede emplear de inmediato la siguiente pregunta: "¿Es Ud. salvo? ¿Ha aceptado a Cristo como su Salvador personal?" o cualquier otra pregunta semejante. La pregunta de "¿es Ud. cristiano"? *nunca debe formularse*, a menos que sea seguida de una discusión respecto de lo que significa ser cristiano. Muchas personas inconversas pertenecen a alguna iglesia, y se llaman a sí mismas cristianas. Algunas personas denominan cristiano a todo aquél que no es judío, ni mahometano, ni pagano. Después de preguntar si nuestro interlocutor es cristiano, sería bueno decir de inmediato: "¿Qué cree Ud. que significa ser cristiano?" Durante la explicación que sigue, es por lo general posible determinar por nosotros mismos si ha experimentado o no la salvación. Por sus gestos y respuestas y por medio de la ayuda del Espíritu Santo, podemos comprender cuál sea su necesidad particular, y estar así en condiciones de hacer frente a esa necesidad con la Palabra de Dios.

Desde ahora en adelante en este curso estudiaremos las distintas respuestas y problemas que confrontan al obrero personal, y trataremos de buscar en la Palabra de Dios la ayuda que se debe proporcionar en cada caso.

PREGUNTAS

1. ¿Por qué debe la persona que procura llevar almas a Cristo ser nacida de nuevo, y llena del Espíritu Santo?

2. ¿Por qué es necesario que debamos prestar suma atención a nuestra conducta ante el mundo?

3. ¿Qué parte desempeña la oración en ganar almas?

4. ¿Qué parte desempeña el amor en llevar almas a Cristo?

5. Después que la persona a la cual le hemos testificado es salva, ¿qué debemos hacer?

6. ¿Por qué debe el creyente estar familiarizado con todos los tratados que distribuye, y qué cuidado especial se debe tener al distribuirlos?

7. Dé dos razones en virtud de las cuales un obrero no debe temer.

8. (a) ¿Qué se debe añadir a la pregunta: "¿Es usted cristiano?" (b) ¿Por qué?

LECCION 2

COMO RESPONDER A LOS INCONVERSOS

Tema A. "¿QUE TENGO QUE HACER PARA
SER SALVO?"

Isaías 53:5, 6; Juan 1:12; Juan 3:7; Juan 3:16;
Juan 5:24; Hechos 3:19; Hechos 16:31; Romanos
10:9, 10; Romanos 10:13; 1 Juan 1:9.

Bajo este tema, tomamos diez pasajes que demuestran diferentes fases de la salvación. Esto
no significa que se deban emplear todos los versículos al tratar con un alma. Con toda probabilidad ello provocaría confusión, cuando el camino de la salvación es tan sencillo. A veces
es oportuno citar numerosos pasajes, como cuando uno señala los fundamentos bíblicos para la
sanidad divina, por ejemplo, o cualquier otro
punto respecto del cual la persona pueda abrigar
dudas, que serían disipadas mediante la mención
de varias citas, pero al demostrar la senda de
salvación, debemos buscar claridad y simplicidad,
y no un abrumador peso de pruebas.

Estudiemos primero ISAIAS 53:5, 6. Tenemos
aquí uno de los más claros y útiles pasajes sobre
la salvación en la Biblia puesto que señala la
condición perdida del hombre y el sufrimiento
vicario de Cristo, es decir, Cristo nuestro Substi-

tuto, sufriendo y muriendo en nuestro lugar. Es el lado divino de la salvación. Nos habla de un Dios que, viendo a nuestra raza que se había desviado por completo, indefensa y cargada de pecados, encuentra a uno que lleva el pecado, a Jesucristo, y pone sobre él los pecados de todos nosotros. Dios dijo lo siguiente: "El alma que pecare, esa morirá." Ezequiel 18:4. Pero tenemos aquí a toda la raza que había pecado. "Todos nosotros nos descarriamos como ovejas, cada cual se apartó por su camino." ¿Qué podía hacer Dios? ¿Debía perderse toda la familia humana, que él había hecho para su gloria? Según el punto de vista humano, parecía que así ocurriría. Empero Dios tenía otros planes. Dios tenía un Substituto que ocuparía nuestro lugar, un Substituto sin pecado alguno. Era Aquel que, no habiendo pecado, no necesitaba morir por sus pecados, pero que estaba dispuesto a morir por los nuestros, para que nosotros, sin pecado entonces, pudiéramos gozar de libertad. ¡Qué maravilloso es el amor de Dios!

Si la idea de un substituto es difícil de aclarar, explíquela tomando como base algo que se puede entender fácilmente. Por ejemplo, durante la guerra civil de los Estados Unidos, se permitía que algunos de los soldados llamados bajo bandera enviaran un substituto que estuviera dispuesto a ir. Por lo general, el soldado pagaba cierta suma de dinero, a fin de que su substituto combatiera y quizá muriera en el campo de batalla.

Se puede trazar así un hermoso y fácil paralelo.

Otra ilustración que se ha empleado con frecuencia para hacer eficaz el significado del pasaje es ésta: después de leer con detención, haciendo tal vez que nuestro interlocutor lea el pasaje en primera persona, "mas él herido fué por mis rebeliones, molido por mis pecados," y así sucesivamente a fin de que lo aplique en forma definida a sí mismo, demuéstrele por medio de acciones lo maravilloso de la última línea, "mas Jehová cargó en él el pecado de todos nosotros." Tome algún libro, o un objeto conveniente, diciéndole que representa sus pecados, y colóquelo sobre las manos de él. Lea de nuevo el versículo seis, diciéndole que se ha descarriado. Luego lea lentamente "mas Jehová cargó en él el pecado de todos nosotros." ¿Dónde dice Dios que están ahora sus pecados? ¿Qué ha hecho con ellos? Continúe preguntándole hasta que diga: "Los ha puesto en Jesús." Luego levante el libro—sus pecados—y póngalo en otro lugar—Jesús. "¿Qué tiene Ud. ahora? ¿Sus pecados? Dios dice que han desaparecido. Los ha colocado en el Señor Jesús, y Ud. está libre."

JUAN 1:12. Al emplear este versículo, explique qué significa "recibirle" y cuál será el resultado de ello: "ser hechos hijos de Dios." ¿Qué quiere decir "recibirle"? El vocablo "recibir" significa aceptar, tomar, permitir la entrada. Se nos ofrece un don u obsequio que debemos recibir. Alguien llama a la puerta; debemos abrirla y llevar el don dentro de la casa. De la misma manera debemos recibir a Cristo. El viene al corazón y a la vida y pide entrada. La está pidiendo ahora. Abramos la puerta y recibámosle. "Mas a todos los que *LE* recibieron." ¿Qué significa eso? Es nuestro Salvador, puesto que ha muerto por nosotros, y ahora desea que le recibamos como Salvador de nuestra vida, que permitamos que su sangre limpie nuestro corazón y que dejemos que su voluntad dirija nuestros caminos. Todo lo que debemos hacer es "recibir." El hará el trabajo si rendimos nuestra vida y le permitimos residir en nuestro corazón. Y lo maravilloso de todo es que si le damos cabida en el corazón, él también nos permite ingresar en su familia. Y así somos hijos de Dios. El Señor tiene tres clases de hijos. Cristo es su Hijo por su relación con él: el unigénito del Padre. Nosotros somos sus hijos por la creación: nos hizo, y por ello le pertenecimos. Mas por el pecado, nos alejamos de él y seguimos a Satanás. "Vosotros de vuestro padre el diablo sois." Juan 8:44. Mas ahora podemos ser de nuevo hijos de Dios por la regeneración—el nuevo nacimiento—y sacados de la familia de Satanás, ingresamos de nuevo en la de Dios, somos "hijos de Dios."

Quizá la ilustración del muchacho y su barquito ilustre el punto. El niño se había fabricado un pequeño bote al cual le asignaba mucho valor. Pero un día mientras lo hacía flotar en el arroyo, la corriente se lo llevó, y lo perdió. Pero un día, mientras caminaba por la vereda del pueblo, vió su barquito en la vidriera de una juguetería. Estaba a la venta. Mas el niño quería tanto a su barquito, que estaba dispuesto a comprarlo para poder jugar de nuevo con él. Al llevárselo a su casa, apretándolo contra el pecho, le decía con voz que era apenas un susurro: "Ahora eres dos veces mío, puesto que te hice primero, y luego te compré." Y así también lo somos nosotros, puesto que no sólo nos hizo, sino que nos compró.

JUAN 3:7. Los dos versículos precedentes deben emplearse con aquellos que necesitan aliento, y para quienes debe presentarse el camino en forma sencilla; pero Juan 3:7 contiene una expresión que es práctica para aquellos que queremos conmover un poco, hacerlos que piensen, para aquéllos que profesan ser cristianos, pero que por sus palabras, gestos o voz juzgamos que no lo son. Sólo aquel que tiene un conocimiento experimental de Dios, que ha gozado de comunión con él afirmará que ha nacido de nuevo. Si parecen existir dudas respecto de su salvación, la pregunta original puede ser seguida de la siguiente afirmación: "Uno puede saber a ciencia cierta si es salvo o no, puesto que Dios dice en Juan 3:7: "No te maravilles de que te dije: Os es necesario nacer otra vez." ¿Ha nacido de nuevo?" El significado de nacer de nuevo puede ser explicado en forma sencilla. Gran parte de las explicaciones correspondientes a Juan 1:12 se pueden repetir aquí, como por ejemplo: nuestra condición natural pecaminosa nos hizo "hijos de nuestro padre el diablo," la necesidad de ser hijos de Dios, y el método que Dios ha proporcionado para ello. Es bueno señalar asimismo lo que ocurre en nuestro ser cuando "nacemos de nuevo." El pecado ya no tiene dominio sobre nosotros; nuestro pasado ha sido borrado; comenzamos de nuevo, lavados por la sangre de Cristo, limpios e incólumes. Nos animan ahora nuevos deseos, nuevos ideales; seguimos a un nuevo Capitán, Jesucristo. "De modo que si alguno está en Cristo, nueva criatura es: las cosas viejas pasaron: he aquí todas son hechas nuevas." 2 Corintios 5:17.

En JUAN 3:16 tenemos un cuadro muy hermoso y a la vez completo de la salvación de Dios: su profundo amor por un mundo pecador; el don inapreciable que otorgó a este mundo; el maravilloso significado de "todo aquel," que demuestra que todos pueden acudir; la forma sencilla de nuestra venida: mediante la fe; el resultado de nuestro creer: vida eterna. Se debe recalcar aquí mucho el amor de Dios al preparar nuestra salvación. Si el alma puede comprender de una vez por todas el amor que llevó a Jesús a la cruz— el amor del Padre y del Hijo—es indudable que no podrá menos que retribuir ese amor. "Presentad siempre a Cristo," debe ser el lema que rige no solamente nuestra predicación, sino también nuestro trabajo personal. "Que ha dado a su hijo unigénito." Explique el acto de dar al Hijo. Describa la cruz, y el significado del grito terrible de "Dios mío, Dios mío, ¿por qué me has desamparado?" cuando nuestros pecados fueron cargados sobre sus espaldas, y el Padre tuvo que desviar el rostro puesto que un Dios santo no puede mirar al pecado. "Para que todo aquel que en él cree." La creencia verdadera es algo más profundo que el mero asentimiento de que una cosa es cierta. Es una creencia tan definida, tan real, que uno procederá en consecuencia. Santiago nos dice en el capítulo 2, versículo 20 del libro homónimo que "la fe sin obras es muerta." Una fe verdadera se cristalizará en hechos. Si uno realmente cree en el Señor Jesucristo, no podrá menos que aceptarlo como su Salvador, puesto que nadie que conoce profundamente al Señor, y sabe lo que ha hecho por él, podrá dejar de rendirle el corazón. "Mas tenga vida eterna." Si a uno se le puede hacer comprender qué efímera e incierta es la vida, y qué será la eternidad—eternidad con Dios ("vida eterna"), o eternidad sin Dios ("condenación eterna,")—no vacilará en aceptar lo que Dios ha preparado para los que creen en su Hijo.

JUAN 5:24 tiene, en común con Isaías 53:5, 6, un rasgo característico que constituye un estímulo para aquéllos que desean ser salvos. Demuestra la obra de salvación, realizada en el momento mismo de que creemos. Cuando Isaías 53:6 nos dice: "Jehová *cargó en él* el pecado de todos nosotros," demuestra que la obra de cargar los pecados fué realizada ya en la cruz, mientras que cuando Juan 5:24 dice: "El que oye mi palabra, y cree al que me ha enviado, *tiene* vida eterna," señala que tan pronto como el que escucha la Palabra, la obedece, el alma tiene "vida eterna." Hay muchos que afirman ser cristianos —muchos que realmente aman al Señor y tratan de servirle—quienes, por falta de una enseñanza adecuada, y porque no estudian ni conocen la Biblia, no comprenden que podemos saber a ciencia cierta, en este mismo momento, que somos salvos. De manera que este versículo, que habla en tiempo presente—"tiene"—es utilísimo para proporcionar la seguridad de la obra completa efectuada en el corazón y en la vida.

HECHOS 3:19. (Nota: Cuando se emplea este versículo para hablar a un pecador, es mejor omitir la última parte—"pues que vendrán los tiempos del refrigerio de la presencia del Señor"—puesto que con toda probabilidad motivará preguntas que distraerán del significado del mensaje del versículo que está dirigido especialmente a ellos, es decir, del mensaje de arrepentimiento y conversión.) Al estudiar este versículo, el aprendizaje de memoria puede cesar con la palabra "pecados". Las palabras iniciales del siguiente versículo—Hechos 16:31—pueden también omitirse por la misma razón. Las tres palabras—"y ellos dijeron"—quizá provoque la pregunta de quiénes son "ellos" mientras que el mensaje del versículo es: "Cree en el Señor Jesucristo," mensaje que constituye la Palabra de Dios dada por el Espíritu Santo. Puesto que es el mandamiento de Dios, es innecesario hablar a los pecadores del instrumento humano por medio del cual habló. En adelante, cuando parezca oportuno omitir parte de los versículos para dar claridad al mensaje a los pecadores, ello se hará al comienzo de la lección, en donde se proporciona por primera vez la cita bíblica.

En Hechos 3:19 se menciona un nuevo aspecto de la salvación: el arrepentimiento. ¿Significa ello que el arrepentimiento necesita siempre ser recalcado? Si el arrepentimiento es necesario, como este versículo parece insinuarlo, ¿por qué no lo mencionan los versículos que hemos citado con anterioridad? Respondemos que se expone aquí el aspecto humano de la salvación; el otro aspecto es el divino. Cuando se trata de ciertas personas, es necesario recalcar el arrepentimiento. Nos referimos a aquellos que afirman no haber hecho jamás nada malo. Se debe procurar que vean que son pecadores, que de ninguna manera pueden limpiarse a sí mismos, que necesitan al Salvador. Deben sentir verdadero dolor, verdadero pesar por sus pecados. "No existe un pecador bueno." "La profundidad de la salvación del hombre está determinada por el grado de arrepentimiento." Es a éstos a quienes Dios les dice: "Arrepentíos." Respecto de aquéllos que ya se saben perdidos, y lloran sus pecados, sólo necesitamos señalarles el amor de Dios y la senda que ha quedado expedita para acudir a Jesús y recibir limpieza y perdón. Están arrepentidos y deseosos de encontrar el remedio. Son los publicanos que exclaman: "Dios, sé propicio a mí pecador." Cristo sentía profundo amor y tierna compasión por el hombre que se sabía pecador, mas fué para los escribas y fariseos que tuvo frases condenatorias. (Nota: Más tarde, bajo otros encabezamientos, daremos a conocer versículos que revelan lo que es el pecado.)

"Así que, arrepentíos y convertíos." Sería bueno aquí explicar lo que se quiere significar mediante estas dos palabras. Cuando nos "arrepentimos" sentimos dolor por nuestros pecados, y deseamos alejarnos de ellos; cuando nos "convertimos" damos la espalda al pecado y comenzamos a andar en dirección opuesta. Es el resultado natural del arrepentimiento verdadero. "Para que sean borrados vuestros pecados." Cuando sentimos verdadero dolor, verdadero arrepentimiento por nuestros pecados, y nos apartamos de ellos para volvernos a Dios, él nos recibe y nos limpia del pecado, por medio de la sangre de Cristo, el Cordero de Dios.

En los HECHOS 16:31 tenemos probablemente la declaración más corta, más clara de lo que es necesario para la salvación (y no sólo nuestra, sino también de nuestra casa, promesa que se le debe enseñar de inmediato al nuevo convertido, puesto que la empresa de llevar a otros a los pies de Cristo le proporcionará valiosísima ayuda y profundo gozo). Al hablar de las palabras "Cree en el Señor Jesucristo" mucho se puede aducir. El significado de la creencia verdadera se ha mencionado ya cuando se estudió Juan 3:16, de manera que pasaremos de inmediato a considerar el significado del nombre del Señor en quien debemos creer: "el Señor Jesucristo." De este nombre, "Jesús" es probablemente el vocablo con el cual estamos más familiarizados. Estudiémoslo por unos momentos. Era el nombre terreno de Cristo, el que Gabriel le dió a José al hablarle del nacimiento del Salvador. "Y llamarás su nombre JESUS, porque él salvará a su pueblo de sus pecados." Mateo 1:21. "Jesús" significa "Salvador." Vemos así que debemos creer en él como nuestro Salvador, Aquel cuya sangre nos limpia.

Al creer en su nombre, reconocemos nuestra condición perdida, nuestra necesidad de que alguien nos salve de ella, y de que Jesús es el Salvador que indudablemente nos salva. Ahora bien, consideremos el nombre "Señor" en el cual debemos creer. El vocablo "Señor" significa "amo," "dueño," aquél a quien debemos obedecer, aquél que ejerce completo dominio en nuestra vida. ¿Estamos dispuestos a demostrar que creemos en todo esto, procediendo como corresponde, haciéndole "Señor" de nuestra vida? Luego pasamos a estudiar la tercera palabra: "Cristo." Cristo significa "el Ungido," "el Mesías," "el Rey." ¿Estamos preparados para hacerle nuestro Rey?

¿Coronarle ahora mismo Rey de nuestro corazón? ¿Estamos prestos para recibirle como Rey cuando en breve retorne del cielo en busca de nosotros, si estamos preparados para su venida; el mismo Rey que dentro de poco fundará su reino aquí en la tierra, y con quien reinaremos, si en realidad él nos pertenece?

El pasaje de ROMANOS 10:9, 10 se refiere al acto externo de confesar ante los hombres el acto interno de creer en él como Maestro y Salvador (Señor Jesús). Se les debe urgir a todos los nuevos creyentes a realizar esto de inmediato y con frecuencia, puesto que se trata de un medio muy eficaz de fortalecerlos. Toda la sorpresa provocada por la prominencia que se le asigna aquí a la resurrección desaparecerá cuando comprendamos—leyendo Romanos 1:4—que Cristo "fué declarado Hijo de Dios... por la resurrección de los muertos." De esta manera responde el Padre a las afirmaciones de Jesús de que era su Hijo. Al resucitarlo, Dios declara que es su Hijo, de manera que en este versículo nuestra creencia de que Dios lo resucitó significa algo más que el hecho o la verdad de este portentoso milagro. Significa también que creemos que es el Hijo de Dios, puesto que la resurrección era la forma que tenía Dios de demostrarlo.

ROMANOS 10:13 es otro versículo excelente para manifestar con claridad el camino de la vida. El "todo aquel" que aquí figura, como el de Juan 3:16, se puede emplear como estímulo para al-

gún alma que duda si la salvación es realmente
para él, mientras que la simplicidad del llamado
puede ser de gran ayuda para cualquiera que tiene
dificultades con los vocablos "creer" y "recibir."
Si un alma realmente invoca su nombre ("Señor
Jesucristo") lo invoca realmente de la profundidad de su corazón, nuestro Señor oirá y respon-
derá, y esa alma "será salva." Se ha hablado ya
del nombre del Señor en los Hechos 16:31. Al
invocar su nombre, lo llama Amo ("Señor"), Salvador ("Jesús") y Rey ("Cristo"). Todo esto constituye en sí la confesión de que se le cree y acepta
como Amo, Salvador y Rey.

Mientras que el pasaje de 1 JUAN 1:9 se refiere principalmente a la conducta cristiana—
la conducta sin pecado que debe seguirse, y en
la que sin embargo entra con frecuencia el pecado—puede también ser empleado con aquel
que busca la salvación y que al parecer no recibe
de los otros versículos (Isaías 55:5, 6) la seguridad
de que Cristo llevó sus pecados en la cruz del
Calvario. El acto mismo de reconocer que necesitamos un Salvador constituye la confesión de
que somos pecadores, mas es en 1 Juan 1:9 en
donde este aspecto se recalca especialmente: la
fidelidad de Dios en limpiarnos cuando confesamos. Si nuestro interlocutor pregunta a quién
debemos confesar nuestros pecados, leámosle el
Salmo 32:5 (que se estudia en la sección dedica-
da al catolicismo) él lo determina con claridad,
aunque si se ha hecho algún mal contra cierta

persona, después de haber acudido al Señor, se debe buscar a dicha persona, a fin de hacer confesión y restitución. No permita, sin embargo, que la persona piense que debe arreglar todas sus cosas antes de acudir al Señor. Si el Señor le señala que debe hacer algo, y él le promete al Señor que lo hará, el Señor acepta y perdona, y luego el hombre debe buscar el perdón de los demás.

Tema B. "TENGO MIEDO DE CAER Y FRA-
CASAR."

Salmo 37:28; Juan 10:28, 29; Romanos 14:4; 2 Corintios 12:9; Filipenses 1:6; 2 Timoteo 1:12. (Omítase la primera parte. Comiéncese por las palabras: "Porque yo sé...")

Bajo este tema les hablamos a aquéllos que temen comenzar la vida cristiana porque creen que terminarán en un fracaso. Hay varias clases de personas que adoptan esta postura: los relapsos, que habiéndolo intentado una vez, temen fracasar de nuevo; aquéllos que han procurado de sí mismos reformarse; y los que comprenden el tremendo poder que el pecado ejerce en su vida por una parte, y lo débil e insuficientes que son para combatirlo por otra. Estos seis pasajes se pueden aplicar por igual a las tres clases, puesto que señalan, no la victoria del hombre sobre el pecado, sino la extraordinaria fuerza preservadora de Dios.

Recalque primero lo que la salvación realmente es: nuevo nacimiento, nueva criatura. Cristo, que vive en el corazón, es quien ayuda a vivir victoriosamente la vida cristiana. Esta es una de las veces cuando sería bueno emplear varios versículos, uno tras otro, para demostrar mediante el peso de la prueba que Dios guardará de caer al que en él confía. El pensamiento que respalda cada uno de los versículos de la lección es el de que cuando pertenecemos realmente al Señor, él nos guardará. Cuando aún éramos pecadores, nos amó de tal grado que envió a su Hijo al mundo para que muriera por nosotros; cuando Cristo nos adquirió, el precio fué tan elevado que con seguridad no permitirá que nos deslicemos de sus manos. Le costamos demasiado. Explique con claridad esta idea, puesto que cuando comprendemos lo que valemos para el Señor, nuestros temores deben desaparecer.

Si nuestro interlocutor es relapso o reincidente, léale la historia de la oveja que buscó el pastor. Pertenecía al rebaño, pero se había extraviado (Lucas 15:3-7), o la historia del hijo pródigo, el hijo que fué "a una provincia apartada", Lucas 15:11-24. En ambos casos, el amor que siente Dios por el pecador se expone en forma maravillosa. Hágale comprender que nunca se ha debilitado el amor de Dios, y que espera siempre con brazos extendidos al perdido. Procure descubrir la causa del fracaso anterior, y aconséjele de qué manera precaverse. Quizá porque permitió que lo material desalojara lo espiritual; o porque se fijó en los fracasos de otros (estudiados bajo otro tema); o porque nunca había experimentado la salvación. Si este último es el caso, demuéstrele que evidentemente nunca nació de nuevo, y expóngale con claridad que la verdadera salvación depende de que Cristo viva en él. Luego demuestre por medio de estos versículos lo que es el poder preservador de Dios. Sería bueno también mencionar la obra intercesora de Cristo por nosotros a la mano derecha de Dios (Hebreos 7:25) y la provisión que ha hecho por nosotros, si, después de haber sido salvos, pecamos de nuevo. 1 Juan 1:9.

Lea el SALMO 37:28 y señale que Dios nos llama "santos." Cuando el hombre acude a Cristo, él le transforma el carácter, y lo convierte en nueva criatura en él. Nos imparte su carácter santo de manera que ahora se nos puede denominar "santos." No nos recibe en el seno de su familia para luego ausentarse y olvidarse de nosotros. No, puesto que "no desampara sus santos; para siempre serán guardados." Hay padres terrenos que a veces abandonan a sus hijos, pero son padres innaturales. Dios es un Padre que nos ama, y que nunca podrá abandonar a sus hijos.

En el pasaje de JUAN 10:28, 29 Cristo es quien nos habla. Nos dice que las almas salvadas le habían sido dadas por el Padre, que han recibido vida eterna, que nadie podrá quitarlas de su mano, y que son preservadas por el Padre y el Hijo. Tenemos aquí un lugar de seguridad doble: en la mano amorosa del Padre, y en la mano horadada del Hijo. ¡Quién no estará dispuesto a valerse de tal protección!

Según la parte final de ROMANOS 14:4, observamos de nuevo que Dios nos sostiene. Esta vez habla de levantarnos y afirmarnos. Es un cuadro de la debilidad e incapacidad del hombre, y de la fortaleza de Dios.

En 2 CORINTIOS 12:9 observamos que Pablo se gloría en su debilidad con el objeto de que "habite en él la potencia de Cristo." Cuando nosotros, a igual que Pablo, comprendemos nuestra completa incapacidad, luego nosotros también podemos gloriarnos en las maravillas de la salvación que se nos ha dado: la gracia del Señor que es suficiente para nosotros, su "potencia" que se perfecciona en nuestra "flaqueza," y el poder de Cristo, que puede habitar en nosotros debido a nuestras flaquezas. Es a aquél que "piensa estar firme" a quien se le dice que se cuide de no caer. Mas cuando reconocemos nuestra insuficiencia, y que sin Dios estamos destinados al fracaso, luego entonces es cuando somos fuertes, en él.

En FILIPENSES 1:6 se demuestra que si le permitimos a Cristo operar en nuestra vida, no solamente impedirá que nos separemos de él, sino que perfeccionará la obra que ha comenzado. Hará que crezca hasta la perfección, (madurez).

2 TIMOTEO 1:12. Sí, cuando realmente conocemos al Señor, en quien hemos creído, nosotros también quedaremos plenamente convencidos "que es poderoso para guardar mi depósito para

aquel día." Seguramente que el Dios que fué lo suficientemente poderoso como para salvar a un pobre y perdido pecador, lo será también para guardar a aquel que ha sido salvo.

Tema C. "SOY DEMASIADO PECADOR PARA SER SALVO."

Isaías 1:18; Mateo 9:13. (Omita la primera parte. Comience por las palabras: "Porque no he venido.") Lucas 19:10. (Omita la última parte. Termine con las palabras: "Lo que se había perdido.") Juan 6:37. (Omita la primera parte. Comience por las palabras: "Al que a mí viene,") Romanos 5:8; 1 Timoteo 1:15; Hebreos 7:25.

Hay algunos que piensan que tienen un corazón tan malvado y endurecido que jamás podrá alcanzarles la salvación de Dios. Hay otros que creen haber cometido el pecado que no tiene perdón, de manera que nunca recibirán perdón. A estas dos clases les hablaremos en esta sección. A la primera clase le señalaremos que fué para el fin específico de salvar al hombre que vino el Señor Jesús al mundo, y que no existe culpabilidad, por grande que sea, que no puede perdonar. A la segunda clase le señalaremos y demostraremos que Dios aceptará a todo aquel que a él acude. Por lo tanto, si siente deseos de acudir al Señor, ello constituye una verdad evidente de que no ha cometido el pecado que no tiene perdón. Esta verdad debe establecerse con toda claridad, puesto que constituye nuestra respuesta más sencilla a aquellos a quienes el diablo tienta en este sentido.

ISAIAS 1:18 es un pasaje del Antiguo Testamento que nos habla de la sangre que fué derramada. Demuestra que cuando el Señor Jesús ha limpiado esos pecados escarlatas, ninguna señal—ni aún la mancha más débil—ha quedado, puesto que ahora tienen la pureza de la nieve, la blancura de la lana. La forma como el manto de la nieve cubre la tierra, la suciedad, la negrura de un panorama desagradable, puede emplearse aquí de ilustración. Después de la caída de la nieve, no se observa sobre el paisaje otra cosa que su blancura deslumbrante. Todo lo demás ha quedado cubierto. Es así cuando hemos aplicado la sangre de Jesús sobre nuestro corazón, cubriendo nuestros pecados. Los pecados han desaparecido. Dios ve solamente la sangre de Cristo.

Lea MATEO 9:13 y demuestre que si hubiésemos sido justos, Cristo no hubiera venido, puesto que si el hombre fuera justo en sí mismo, no necesitaría al Salvador. Pero fué para los pecadores para quienes vino, para llamarlos al arrepentimiento. Y hoy nos dice: "Arrepentíos."

LUCAS 19:10. Si Ud. es un gran pecador, es precisamente la persona a la que busca el Señor. ¡Mire! Vino al mundo con el fin específico de buscarle y salvarle. Precisamente por esa razón murió en la cruz del Calvario.

Emplee JUAN 6:37 con el 'todo aquel" de Juan 3:16 para demostrar (especialmente a los que se afligen que han cometido el pecado que no tiene perdón) que todos pueden acudir a él; y que si uno viene, el Señor ha prometido recibirle. Insista con aquel que tiene dificultades en este sentido, en esta combinación de versículos, hasta que comprenda que desea salvarle, aun a él.

ROMANOS 5:8 demuestra el amor de Dios por los pecadores. ¡Qué! ¿Dios ama a los pecadores? Sí, los ama profundamente. No es el pecado lo que ama. ¡No, de ninguna manera! Odia el pecado. Pero de tal manera ama al pecador, que Jesucristo murió por él.

1 TIMOTEO 1:15. Puesto que Dios salvó a Pablo, el "primero" de los pecadores, luego está dispuesto a salvar a todos los pecadores menores o inferiores.

HEBREOS 7:25. Cristo no solamente salvará a "los que por él se allegan a Dios," todos ellos, sino que los salvará "hasta lo sumo." Concede plena salvación y cabal protección. ¿De qué manera? "Viviendo siempre para interceder por ellos." Ruega continuamente por nosotros. No puede caer aquel que ha depositado su confianza en este gran Intercesor.

Tema D. "LOS CRISTIANOS TIENEN MUCHAS FALTAS."

1 Samuel 16:7. (Omita la primera parte. Comience por las palabras: "Porque Jehová mira.") Jeremías 17:10; Lucas 6:41; Romanos 2:1-3; Romanos 14:12.

Al aprender estos cinco pasajes bajo la materia "Las inconsecuencias de los creyentes son un tropiezo," no sólo recordemos la ayuda que podemos suministrar a las personas confrontadas con estas dificultades, sino que comprendamos de nuevo con qué esmero debemos procurar, en calidad de obreros cristianos, no hacer o decir nada jamás que pudiera constituir una piedra de tropiezo para los demás. Nuestro cristianismo debe atraer a los demás, y no ofenderlos.

Á la persona que se fija en los fracasos de los demás debe decírsele que Dios se encargará de los demás, puesto que él solamente puede entender. No somos responsables de él ni de sus fracasos, mas somos responsables de nosotros mismos. Se le debe urgir a que desvíe los ojos de la gente, y los fije en Cristo. Con frecuencia aquellos que señalan con el dedo a otros lo hacen a fin de disculpar su propia mala conducta. Ocasionalmente, sin embargo, uno en realidad observa a otros con el corazón abierto, procurando ver si esta salvación de la que ha oído puede hacer lo que se supone que haga: cambiar y guardar. A la una (amorosamente) se le debe leer la censura de Lucas 6:41 y Romanos 2:1-3; a la otra, la explicación de 1 Samuel 16:7. A ambas se les debe instar a buscar a Jesús y escudriñar su Palabra.

La primera referencia, 1 SAMUEL 16:7, señala la incapacidad del hombre de juzgar correctamente a los demás. Con frecuencia atribuimos motivos equivocados, o no sabemos qué fué lo que impulsó tal acto. Dios solamente puede entenderlo, pues solamente él conoce el corazón que determinó el hecho.

JEREMIAS 17:10 no solamente nos dice que Dios ve y entiende, sino también que recompensará de acuerdo a lo que ve. Este es su trabajo, y no el nuestro.

LUCAS 6:41 debe emplearse amorosamente para demostrar a aquel que juzga, que él también tiene pecados en su vida, que no es capaz de entender a otros. Lo grande de la "viga" deforma o falsea su visión. Hasta que eso se haya quitado, no podrá juzgar, y cuando se lo haya quitado, no tendrá deseos de juzgar.

ROMANOS 2:1-3. Tenemos aquí el pasaje más difícil de aprender de memoria. Sin embargo, bien vale la pena el esfuerzo que tengamos que hacer para aprenderlo, puesto que puede hablar a nuestro corazón tanto como a los demás. Es cuando una cosa reside en nuestro propio corazón que la podemos reconocer en otros. Si no estuviera en nuestro corazón, los "síntomas" no serían entendidos por nosotros, y con toda probabilidad, pasarían sin ser notados. Es así que cuando comenzamos a descubrir faltas en las personas que nos rodean, recordemos que "en lo que juzgas a otro, te condenas a ti mismo," y resolvamos echar la viga primero de nuestro ojo.

Mediante **ROMANOS 14:12** demuestre que mientras que la otra alma, que provocó el tropiezo, será responsable de su culpa, nosotros también seremos responsables ante Dios por las nuestras. Procure que desvíe sus ojos de las faltas de los demás, y las fije en la necesidad de limpiar las suyas.

Tema E. "OTRO DIA."

Proverbios 27:1; Proverbios 29:1; Isaías 55:6; Mateo 24:44; 2 Corintios 6:2. (Omita la primera parte. Comience por las palabras: "He aquí ahora el tiempo aceptable.") Hebreos 2:3. (Omita la última parte. Termine con las palabras: "una salud tan grande.")

Bajo este encabezamiento estudiamos versículos que debieran emplearse para despertar a los indiferentes y hacerles comprender la necesidad inmediata de la salvación de Dios. Mientras que muchas personas no creen en un infierno verdadero (que se estudiará bajo tema por separado, más tarde), hay muchísimos otros que creen en un castigo eterno, que no desean sufrir ese castigo, pero que aún no están dispuestos a rendir sus voluntades y sus vidas al Señor. Es para éstos que se escribe esta sección. Cualesquiera sean sus dificultades: el desprenderse de las cosas que quieren retener, por temor de lo que otros digan o piensen, (que se estudia bajo otra sección) su pensamiento es el mismo: "Sí, quiero ser salvo, pero hoy no." Es para despertarlos a la acción, para hacerles comprender los terribles peligros de la demora que queremos emplear estos seis versículos. Los diferentes versículos se explican por lo general a sí mismos, pero hay algunos puntos que pudieran considerarse.

En PROVERBIOS 27:1 y 2 CORINTIOS 6:2 se recalca en forma inequívoca la extrema incertidumbre de la vida. La gente comprende todo esto hasta cierto punto, y con frecuencia no procede según lo que sabe. La idea debe inculcarse con tanta energía mediante las ilustraciones, que el alma debe comprender los grandes peligros de cualquier otra demora. Ilustraciones que pueden emplearse para despertar a nuestro interlocutor nos rodean por todas partes: accidentes, plagas, desastres, muertes. El obrero personal recordará varias de estas ilustraciones, que aparecen en los diarios, figuran en las estadísticas, y abundan en la vida diaria. Es bueno mencionar algún desastre reciente, puesto que sin duda conmoverá o impresionará más. Si es posible, hable de alguna persona que Ud. conoce que, después de rechazar a Dios en cierto servicio religioso, murió en forma trágica de vuelta al hogar. Una ilustración excelente tomada de la Biblia es la historia del joven rico. Lucas 12:16-20. Léala con detención y cuidado.

Demuestre, por medio de PROVERBIOS 29:1 que Dios le ha hablado ya a esa alma, una vez tras otra, y que ahora le habla una vez más. Es su amor que inspira a Dios a continuar instando, aún cuando ha sido tantas veces rechazado. Quizá el Señor le haya hablado durante servicios religiosos, por intermedio de amigos que le pedían que se rindiera al Señor, por medio de accidentes por los cuales Dios procuró advertirle.

Con toda probabilidad, el Señor le ha hablado de varias maneras, deseando darle todas las oportunidades de decir "sí." Demuéstrele que toda vez que dice "no" el corazón se endurece más, y el camino de retorno al Señor se torna más difícil. Después de cierto tiempo, el Señor no instará más, y el alma morirá sin el Salvador. En los Proverbios se nos dice que "de repente será quebrantado, ni habrá para él medicina." Cuando ha venido la muerte, es ya demasiado tarde.

ISAIAS 55:6 nos habla de buscar al Señor mientras puede ser hallado. Hay dos cosas que pueden ser mostradas aquí. 1. El hecho en sí de que alguien insta al alma a aceptar al Señor demuestra que Dios opera en ese momento, que puede ser hallado, que está cerca, puesto que es realmente Dios quien opera en favor del alma de esa persona. 2. Si un alma busca a su Dios, y puesto que Dios busca al alma, (Lucas 19:10), con seguridad no transcurrirá mucho tiempo sin que los dos se encuentren.

MATEO 24:44 señala la pronta venida del Señor e insta a proceder con rapidez en vista de la inminencia de tal acontecimiento. Señale con qué brevedad probablemente ocurrirá, y qué cosas terribles se desencadenarán en la tierra. La historia de las diez vírgenes se puede emplear para ilustrar esto. Mateo 25:1-13. La venida del Señor conmoverá a muchos que de otra manera no podrían ser conmovidos.

Lea HEBREOS 2:3 y ponga en evidencia la

gravedad de haber rechazado a Cristo, de haberse negado a acudir a él cuando ha hecho tanto por nosotros, puesto que compró nuestra salvación a tan elevado costo.

"¿QUE DEBO HACER PARA SER SALVO?"
"ACEPTE A CRISTO."

"¿QUE DEBO HACER PARA PERDERME?"
"ABSOLUTAMENTE NADA."

PREGUNTAS

1. ¿Cuáles son las dos fases de la salvación, según el tema A?
2. Explique Isaías 53:5, 6 como lo haría con alguno que inquiere el camino de la salvación.
3. ¿Qué versículo le citaría a uno que dice: "No podemos saber si somos salvos o no hasta el día de la resurrección"?
4. Cite Romanos 10:9, 10. ¿Qué clase de creencia es aquélla que trae justicia?
5. Cite Hechos 3:19 (primera parte). Defina lo que es el arrepentimiento. Explique lo que es la conversión.
6. Dé cuatro referencias relativas al poder guardador de Dios. (Tema B).
7. Escriba un párrafo diciendo de qué manera trataría con aquel que dice: "No puedo vivir la vida cristiana. Es inútil tratarlo."
8. ¿Cuáles son las dos clases de personas que tropiezan respecto de las inconsecuencias de los creyentes?
9. Proporcione el método apropiado de tratar

con cada una de ellas, y los pasajes o versículos a emplearse.

10. Mencione algunas de las incertidumbres de la vida, y demuestre los peligros de postergar la salvación. Emplee las Sagradas Escrituras.

LECCION 3

IDEAS EQUIVOCADAS RESPECTO DE LA SALVACION

Tema A. "TRATO DE SER CRISTIANO."

Isaías 12:2; Mateo 16:24; Romanos 4:3-5; Efesios 2:8.

Esta sección está destinada a aquéllos que son sinceros en sus esfuerzos de vivir la vida cristiana, que tratan sinceramente de ser creyentes, pero que no comprenden lo que es la vida cristiana. Algunos tratan de realizar obras, pensando que ésta es la senda de la salvación; otros descansan en su moralidad, o en el hecho de que son miembros de la iglesia. Es para hacerles comprender el verdadero significado del cristianismo que estudiamos estos versículos.

En ISAIAS 12:2 descubrimos que Dios mismo es nuestra salud. No es el intentarlo lo que nos proporciona el éxito, sino el tener a Dios en el corazón. Primero debemos aceptarle, y luego confiar en él sin temor alguno. Hará el trabajo en nosotros. Explique la necesidad del nuevo nacimiento y lo que efectuará en nosotros.

Las palabras de Cristo en MATEO 16:24 demuestran que el camino del creyente es el camino

de Cristo, la vida abnegada, la vida de crucifixión.
No es una senda fácil, sino el camino que lleva
a la crucifixión del yo.

ROMANOS 4:3-5 demuestra que la senda de
justicia no es por obras, sino por fe solamente.
Cuando creemos lo que el Señor ha dicho y hecho,
él nos proporciona su justicia. Si pudiéramos trabajar en procura de la justicia, se le requeriría
a Dios que pagara por nuestro trabajo, Dios es-
taría en deuda con la humanidad. Empero la justicia no se puede conseguir de esta manera: es
don de Dios. El hombre, en sí mismo, es y será
siempre un fracaso. "No hay justo, ni aún uno."
La única forma en que el hombre puede ser justo
es cuando Dios lo cambia y lo hace justo. Dios
promete esto si solamente creemos en él. Nos
imparte su justicia, "la justicia de Dios por la fe."

En EFESIOS 2:8 descubrimos que aún nuestra fe, por medio de la cual obtenemos la salvación, viene de Dios. Aún el creer mismo es im-
partido de Dios. El hombre no puede hacer nada.
Todo procede de Dios, "no por obras, para que
nadie se gloríe."

Tema B. "NO HAGO MAL A NADIE."
Isaías 64:6. (Omita la última parte. Termine
con las palabras: "trapo de inmundicia.") Marcos
16:16; Lucas 16:15; Juan 3:3; Juan 3:6; Juan
3:18; Romanos 3:23; Santiago 2:10.
Este tema es para aquellos que están satisfechos
de sí mismos y de su propia bondad o justicia,

y que no consideran que necesitan al Salvador. Se les debe hacer ver su absoluta pecaminosidad, y su condición perdida, a menos que acudan al Salvador.

ISAIAS 64:6 demuestra lo que Dios piensa y dice de nuestra propia justicia. Frente a su pureza y santidad, lo mejor que el hombre puede hacer es suciedad y trapos de inmundicia.

Por MARCOS 16:16 sabemos que cuando creemos en Cristo como nuestro Salvador, y le confesamos abiertamente ante los hombres (bautismo) seremos salvos. Si no creemos en nuestro Salvador, seremos condenados. Ni las buenas obras ni la moralidad nos salvará. Ora creemos en Cristo y somos salvos, ora no creemos y somos perdidos. Dios ha proporcionado un camino, y ese Camino es Cristo.

LUCAS 16:15. "Dios conoce vuestros corazones." Ninguna alma sin lavar está dispuesta a admitir que Dios ve su corazón. Ante los hombres, todos parecen bien, pero ninguna persona no salva se atreve a hacer frente a esa mirada. En lo exterior quizá mantenga todavía su falta de condenación o temor, pero en lo interior es muy diferente. El corazón sabe que hay pecado en él, y teme la mirada penetrante de la Majestad.

JUAN 3:3 nos revela la única manera de escapar de nuestra naturaleza pecaminosa. El hombre debe nacer de nuevo. El pecado reside en todo corazón. Es innato. Es una de las primeras cosas que se notan en el niño. Fue heredado de nuestro padre Adam. Empero Dios ha dejado el camino expedito para nosotros. Nos dice que podemos nacer de nuevo, nacer en su familia. Ya no somos hijos de Adam, viviendo en pecado, sino que hemos ingresado en la familia de Dios. Somos "hijos de Dios" y participantes de su justicia. Es el único camino o forma.

JUAN 3:6 nos habla otra vez de la nueva creación, cuando hemos nacido de nuevo. Hemos nacido del Espíritu de Dios. Hay un nacimiento natural de la carne; y hay un nacimiento espiritual. Ningún hombre natural tiene en sí esa "llama divina" de la cual oímos con tanta frecuencia. Tiene solamente su naturaleza pecaminosa. No es sino hasta que hemos sido hechos participantes de la nueva naturaleza—la naturaleza de Dios— que entra en nosotros la vida divina. Cuando Cristo entra en el corazón, también entra la vida divina, pero no antes. "Cristo en vosotros la esperanza de gloria."

De JUAN 3:18 aprendemos que la condenación ha descendido ya sobre todos los que no creen en Cristo como Salvador. No son realmente los pecados del alma que provocan la pérdida del hombre, puesto que Cristo llevó en la cruz los pecados de todos los que en él creen. Es el rechazo de Cristo, que llevó sobre sí el pecado, lo que provoca la pérdida del hombre. Es su negativa de tenerle como Salvador. "No queremos que éste reine sobre nosotros."

En ROMANOS 3:23 Dios nos habla de nuevo respecto del carácter universal del pecado. "Por cuanto todos pecaron." ¿Puede algún alma negar la veracidad de esta declaración? Ni tampoco debe pensar que mediante las buenas obras puede cubrir el pecado. Una buena obra no es nada más que una buena obra. Debía hacerse. No tiene mérito alguno más allá de su propia justicia. Sólo la sangre de Cristo puede limpiar nuestros pecados.

En SANTIAGO 2:10 se nos dice que si un hombre piensa que puede ganarse la salvación haciendo lo recto, luego está profundamente equivocado, puesto que una sola mala acción acarrea la condenación. Si es que quiere vivir por las obras de la ley, debe cumplir toda la ley, no debe cometer ofensa alguna. El hombre no puede cumplir la ley. Sólo Cristo lo hizo. Fué porque él cumplió perfectamente la ley, porque no había en él pecado, que fué capaz de sufrir por nuestros pecados. No tenía que sufrir por sus pecados, puesto que jamás pecó. El hombre debía de haber cumplido la ley, pero no pudo. Cristo cumplió la ley por el hombre.

Tema C. "HAY TANTAS COSAS QUE NO PUEDO ENTENDER."

Lucas 24:45; Romanos 11:33; 1 Corintios 1:18; 1 Corintios 2:14.

En LUCAS 24:45 se nos dice que Cristo les abrió la inteligencia o el sentido para que comprendiesen las Escrituras. Este versículo debe emplearse con aquellos hijos de Dios que procuran en realidad entender su Palabra, pero lo hallan difícil. (Los versículos que tratan de la obra del Espíritu Santo en este aspecto serán estudiados bajo otro tema.)

Se nos da ROMANOS 11:33 a fin de que comprendamos que no debemos esperar entender todos los planes y propósitos de Dios. La mente finita del hombre no puede comprender lo Infinito. Mucho se nos ha revelado, y debemos saber lo revelado; mas hay algunas cosas que sólo la eternidad revelará. En su Palabra hay muchas cosas que ha dejado intencionalmente en la penumbra, cosas que no sería bueno que el hombre supiera ahora.

1 CORINTIOS 1:18 se debe emplear con aquéllos que dicen que el plan de la redención de Dios—la senda de la cruz—parece bárbaro, cruel, carente de amor. El versículo explica con claridad la razón o motivo de esta actitud. "Porque la palabra de la cruz es locura a los que se pierden." Con frecuencia alguien dice: "Pero eso parece una locura." "Sí," uno puede responderle, "eso es precisamente lo que dice Dios que es: locura." Esto le sorprenderá, lo sacudirá. Luego recurra a la Biblia y pídale que lea el versículo. Demuéstrele el amor y la justicia de Dios que inspiraron la cruz.

1 CORINTIOS 2:14 es muy similar al versículo precedente, y debe emplearse de la misma manera. La diferencia principal reside en el he-

cho de que éste es más amplio: se incluyen todas las cosas "del Espíritu."

Tema D. "TENDRE QUE DEJAR TANTO."

Salmo 16:11; Marcos 8:36, 37; Lucas 18:29, 30; 1 Corintios 2:9.

Muchas personas han permitido que los pequeños placeres del mundo adquieran proporciones tales, que hasta parecen de más importancia que su alma. ¡Los amigos, las fiestas, el cine, se han puesto en el platillo de la balanza con la salvación! Es para éstos que se ofrecen los cuatro pasajes de este tema.

El SALMO 16:11 nos habla de "hartura de alegrías," o plenitud de gozo que tenemos ahora en la presencia del Señor, y la alegría que disfrutaremos con él para siempre. Testifique respecto del gozo que trae la comunión con el Señor, y demuestre qué necias y sin interés parecen ahora las demás cosas.

Según MARCOS 8:36, 37 podemos demostrar lo efímeras y carentes de valor que son las cosas del mundo comparadas con el valor del alma, que vive eternamente. ¿Qué valor tiene el dinero, o los bienes terrenos, cuando pensamos de la eternidad? Nuestra vida presente es la parte más ínfima de la existencia. Ya sea treinta, sesenta o noventa años, poco importa. Es lo que podríamos denominar el "Jardín de infantes" de nuestra vida.

LUCAS 18:29, 30. Dios es doblemente misericordioso. Cuando nos sacrificamos para él, el Señor nos da "mucho más" ahora, y en la eternidad el don inestimable de la "vida eterna." Podemos relatar nuestra propia experiencia, y referirnos a las cosas que hemos abandonado por amor de Dios, para descubrir luego que el Señor nos las devolvió, o, en alguna forma maravillosa, compensó con creces su pérdida.

1 CORINTIOS 2:9. Hemos experimentado ya algunos de los gozos que Dios tiene para nosotros, y su Palabra nos habla de muchos más, empero este versículo habla de las cosas que ha preparado más allá de cualquier cosa que podemos ver, oír o pensar. ¿Es necesario abandonar demasiadas cosas? El dar a Dios significa recibir en abundancia.

Tema E. "TENGO MIEDO DE LA
              PERSECUCION."

Marcos 8:38; Lucas 6:22, 23; Romanos 8:18; 2 Timoteo 2:12; Hebreos 12:2.

MARCOS 8:38. ¿Nos avergonzamos de él, que ha hecho tanto por nosotros? La salvación por la senda de la cruz quizá no sea del todo popular, pero tampoco lo fué el Salvador que murió sobre ella. ¿No estamos dispuestos a sufrir su estigma? Si el Hijo del Hombre se avergüenza de nosotros cuando venga en gloria, ¡cuán grande será nuestra vergüenza!

LUCAS 6:22, 23 demuestra que debemos regocijarnos profundamente de nuestras persecuciones por amor del Señor, puesto que ellas aumentarán nuestra recompensa en los cielos.

¡Gocémonos y alegrémonos! Pero estemos seguros que se nos persigue porque servimos fielmente al Señor, y no por alguna necedad nuestra. Esta última persecución no proporciona recompensa, sino vergüenza. A veces no comprendemos la diferencia.

ROMANOS 8:18. Si Pablo, después de los grandes sufrimientos que soportó—fué azotado, apedreado, encarcelado, atacado por el populacho—podía hablar de su insignificancia, ¡cuán poco tenemos nosotros que preocuparnos de todo ello! ¿Tememos acaso unas pocas palabras, quizá la pérdida de amigos, o que se nos moteje de "fanáticos"? Recordemos la "gloria que en nosotros ha de ser manifestada."

2 TIMOTEO 2:12. "Si sufrimos, también reinaremos." Si no sufrimos, ¿significa Dios que no reinaremos? Pensémoslo bien, antes de eludir el lugar de sufrimiento. La persecución o los sufrimientos físicos tanto en la patria como en el campo misionero conducen a la gloria.

HEBREOS 12:2. Si las dificultades nos parecen aquí demasiado grandes, se nos dice que desviemos nuestros ojos de ellas, y los fijemos en Jesús. Un vistazo a sus sufrimientos y su vergüenza hará que los nuestros queden reducidos a la nada en la comparación.

PREGUNTAS

1. ¿A quiénes está dirigido el Tema A?
2. De acuerdo a Romanos 4:3-5, ¿es la vida cris-

tiana algo que nosotros hacemos, o Dios hace? Explique.

3. Cite Efesios 2:8 y Romanos 3:23.

4. ¿Dónde se encuentra el siguiente versículo y cuál es su significado: "Si bien todos nosotros somos como suciedad, y todas nuestras justicias como trapo de inmundicia"?

5. Demuestre que no es necesario entender todo respecto de la Biblia con el objeto de ser salvo. Use versículo e ilustración.

6. Compare los resultados de aferrarse a los placeres de este mundo con el de abandonarlos por amor de Dios.

7. ¿Cuándo es necesario escoger entre la alabanza del mundo y la aprobación de Cristo? ¿Es necesario ser por completo despreciado con el objeto de ganarse a Cristo? (Lea Proverbios 3:4.)

8. Nombre varias formas de negar a Cristo. Cite 2 Timoteo 2:12.

9. ¿A qué clase de persecución se refirió el Señor Jesús en Lucas 6:22, 23? ¿Qué clase de persecución es la que no trae recompensa?

LECCION 4

EL INFIERNO Y EL PECADO

Tema A. EXISTENCIA FUTURA Y CASTIGO
FUTURO.

Mateo 25:41; Mateo 25:46; Juan 5:28, 29;
Apocalipsis 20:10.

"No sé lo que nos espera en el más allá, mas
creo que no existirá castigo físico o corporal. Si
es que hay una vida después de ésta, y el castigo
por el pecado, estoy seguro que no pasará de un
sufrimiento mental." "Veamos, empero, lo que
nos dice Dios," será la respuesta. "Es la única
manera de saber la verdad."

MATEO 25:41. "Fuego eterno preparado para
el diablo y para sus ángeles," describe algo muy
definido, real, que existirá en el futuro. Dios no
preparó esto para su pueblo. El versículo dice
para quién lo preparó: "Para el diablo y para sus
ángeles." Mas si el pueblo persiste en seguir al
diablo, en vez de seguir a Dios, naturalmente que
irá también al fuego.

En MATEO 25:46 se nos habla de dos clases
de vida futura: "vida eterna," para aquellos que
han aceptado la limpieza de la sangre de Cristo,
y "tormento eterno," para aquellos que no la
aceptaron. Nos corresponde a nosotros escoger
qué vida tendremos.

En JUAN 5:28, 29 Dios habla de dos resurrecciones de los muertos: "la resurrección de vida" y "resurrección de condenación." Queda demostrada una verdadera existencia. Pero una es de "vida" y la otra de "condenación." Una es con Dios y sus ángeles. La otra es con el diablo y sus ángeles caídos. "Escogeos hoy a quién sirváis." ¿Con quién quiere pasar la eternidad?

APOCALIPSIS 20:10 demuestra de qué manera el diablo ha reunido siempre a sus seguidores: mediante el engaño. Les dice a sus seguidores que no hay castigo, que la Biblia está equivocada en lo que dice, que "ninguno debe tomarla literalmente, que cada uno debe interpretarla para sí." Fue lo mismo que dijo en el Jardín: "¿Conque Dios os ha dicho?" "No moriréis." Mas desde ese día en el Jardín la muerte entró en el mundo. Se dió muerte a animales para cubrir a la primera pareja. Abel fué la víctima del pecado de Caín; Adam, Eva y sus descendientes han muerto. ¿Quién fué entonces el que dijo la verdad, Dios o el diablo? ¿Qué es lo que Ud. va a creer ahora: las palabras del diablo que los engañó, o la infalible Palabra de Dios? Dios dice: "Lago de fuego y azufre," y "serán atormentados día y noche para siempre jamás."

Tema B. "DIOS ES DEMASIADO BUENO PARA CONDENAR A NINGUNO."

Salmo 1:5, 6; Juan 12:48; Romanos 2:5; 2 Pedro 3:9.

"¡Oh, pero Dios es un Dios de amor. Es demasiado bueno para condenar a ninguno." "Tiene razón, Dios es un Dios de amor, que nunca condena a nadie."

El SALMO 1:5, 6 nos expresa de qué manera los impíos no pueden estar con los justos, sino que perecerán. ¿Los hace Dios perecer? No, sino que Dios dejó el camino expedito mediante el cual podrían ser salvos. Si deliberadamente rechazan la invitación, el camino, luego la decisión es de ellos, no de Dios. Si se han negado a aceptar la misericordia de Dios, deben esperar su castigo.

JUAN 12:48. Cuando las palabras de Cristo han sido oídas, y se las ha rechazado considerándoselas mendaces, si su sacrificio ha sido menospreciado y desoído, estas mismas palabras se emplean para condenar a esa alma. Si a la orilla de un arroyo vemos un cartel que dice PELIGRO, pero después de leerlo nos arrojamos a la corriente impetuosa y somos arrastrados por ella, y perecemos ahogados, ¿a quién culparemos? El hecho de que no creemos a la Palabra de Dios no cambiará la verdad.

ROMANOS 2:5. El juicio de Dios será un juicio de justicia. La impureza no podrá resistirlo. El corazón que se endurece y sigue impenitente a pesar de las palabras misericordiosas de Dios ha atesorado para sí ira. Cuando rechazó el "don de Dios,"—la vida—nada queda sino la paga del pecado: la muerte.

Por PEDRO 3:9 nos compenetramos de la paciencia amorosa de Dios. Repetidamente nos ha instado a rendirnos a él. ¿Por qué? Porque el Señor "es paciente para con nosotros, no queriendo que ninguno perezca, sino que todos procedan al arrepentimiento." No, Dios no condena a ninguno. Nos insta a arrepentirnos. Es nuestra propia dureza e impenitencia lo que nos hace perecer. Es porque "no queremos que éste reine sobre nosotros."

Tema C. ¿QUE ES PECADO?

Es transgresión de la ley de Dios.
1 Juan 3:4.
Toda maldad es pecado.
1 Juan 5:17. (Aprenda solamente las cuatro primeras palabras.)
Incredulidad.
Juan 16:8, 9.
Prácticas dudosas.
Romanos 14:23.
Errar el blanco.
Romanos 14:23.
Deber no cumplido.
Santiago 4:17.

(Al estudiar las materias A y B, aprenda también los subtemas y el trabajo regular).

Si existe alguna duda en el corazón en lo que respecta a qué es pecado, es bueno procurar saber lo que dice Dios respecto de lo que es pecado. Con seguridad que nadie puede decir "yo no peco" después de leer las definiciones que da Dios. Los subtópicos aclaran los versículos sin explicación alguna.

Tema D. LOS EFECTOS DEL PECADO

El pecado:

Atormenta al hombre.

Isaías 48:22.

Interrumpe la comunión con Dios.

Isaías 59:2.

Esclaviza al hombre.

Juan 8:34.

Termina en la muerte.

Romanos 6:23.

Excluye del cielo.

1 Corintios 6:9. (Omita la última parte. Termine con las palabras: "Reino de Dios.")

Después de comprender por el tema A lo que realmente es el pecado, veamos cuáles son los efectos del pecado, según Dios. Naturalmente que ninguno, sabiendo lo que ha dicho Dios querrá tener pecado en su corazón, sino que deseará acudir a su Salvador para que todos sean limpiados en la sangre de la cruz.

Tema E. LA IMPORTANCIA DE LA SANGRE

Levítico 17:11; Mateo 26:28; Romanos 5:9, 10; Hebreos 9:22. (Omita la primera parte. Comience por las palabras: "Y sin derramamiento.") 1 Pedro 1:18, 19.

Muchas personas en la actualidad ponen objeciones a lo que denominan "una religión de sangre." No ven valor alguno en la sangre de Cristo. Este es el fundamento de prácticamente todos los falsos sistemas religiosos del día, y también el principio fundamental del modernismo. (Todo esto se estudiará bajo su respectivo tema.) "El hombre progresa. Se procurará su propia salvación." Y hasta desde muchos púlpitos ortodoxos, poco o nada se dice de la sangre de Cristo. Es como si fuera algo impuro, algo que ya no es apropiado mencionar. Pero puesto que los pensamientos de Dios no son iguales a los del hombre, veamos lo que Dios tiene que decir respecto de la importancia de la sangre de Jesucristo, su Hijo.

En LEVITICO 17:11 tenemos lo que Dios dice en el Antiguo Testamento respecto de la sangre. Del animal muerto por Adam, hasta el Cordero muerto del Apocalipsis, Dios nos presenta la necesidad de la sangre para limpieza del pecado. En este versículo establece con claridad su significado. La sangre es la vida, y la sangre es necesaria para la expiación del alma. "Yo os la he dado para expiar vuestras personas en el altar." Sí, nuestro Dios dió a su Cordero sobre el altar de su amor para hacer la expiación por nuestras almas pecaminosas.

MATEO 26:28. El viejo pacto de las obras de la ley había pasado; había venido el nuevo pacto de la gracia de Dios. Había sido sellado por la sangre de Cristo. Nótese aquí la directa declaración de Cristo: "la cual es derramada por muchos para remisión de los pecados." Nos demuestra por qué se necesitaba la cruz. No es por la imitación de su vida que somos salvos, sino por el derramamiento de su sangre sobre la cruz que podemos tener el perdón de nuestros pecados.

ROMANOS 5:9, 10. "Justificados en su sangre." "Reconciliados con Dios por la muerte de su Hijo." Somos justificados o hechos justos por su muerte. Nuestros pecados fueron puestos sobre sus espaldas. Su justicia nos fué imputada. ¡Oh, qué maravillosa es esa sangre! "Reconciliados." La causa de la separación—el pecado—había sido quitada por "la muerte de su Hijo." Nos trajo paz, pero ¡a qué precio! La última parte de este versículo quizá provoque confusión, a menos que comprendamos lo que lo ha precedido. Es después que hemos sido justificados "en su *sangre*," después de haber sido "reconciliados ... por la *muerte* de su Hijo," que seremos "salvos por su *vida*." Cuando hemos pasado de la antigua vida a la nueva por medio de su muerte vicaria y su resurrección; cuando hemos nacido del Espíritu, y Cristo ha penetrado en nuestra vida, es que seremos "salvos por su vida," o "guardados salvos en su vida," según una mejor traducción.

HEBREOS 9:22. "Todos pecaron." "Santo, santo, santo Jehová de los ejércitos." "Santidad, sin la cual nadie verá al Señor." Un pueblo pecaminoso, un Dios santo. ¿De qué manera podrá reconciliarse a ambos? Dios dio el paso que permitiría la cancelación de la deuda del pecado. "Y sin derramamiento de sangre no se hace remisión." Cristo murió por esos pecados.

1 PEDRO 1:18, 19. "Rescatados. . . con la sangre preciosa de Cristo." Fuimos vendidos "a sujeción del pecado," esclavos en el mercado, siervos de nuestro amo, el diablo. Mas Jesús nos redimió, nos sacó del pecado y de la esclavitud, nos libró de la mano de aquel amo. ¿Cómo lo hizo? "Redimir" significa "libertar mediante el pago de cierto precio." Nos libertó o redimió pagando el precio de su propia sangre preciosa.

PREGUNTAS

1. ¿En qué parte de la Biblia se habla del fuego eterno? ¿Para quién fué preparado?

2. ¿De qué manera podemos reconciliar el hecho de que Dios es bueno, con la verdad de que muchos van al infierno?

3. Nombre cinco cosas que la Palabra de Dios dice que son pecado.

4. Demuestre que el pecado no perdonado impedirá que el hombre entre en el cielo, citando 1 Corintios 6:9.

5. Nombre cuatro efectos del pecado además de la exclusión del cielo.

6. ¿Por qué es especialmente necesario que recalquemos la importancia de la sangre de Cristo en estos días?

LECCION 5

SANIDAD DIVINA

Tema A. LA SANIDAD EN EL ANTIGUO
          TESTAMENTO.

Génesis 20:17; Exodo 15:26; Exodo 23:25; Números 12:10-15; Números 21:5-9; Deuteronomio 7:15; Deuteronomio 30:19, 20; Deuteronomio 32:47; 1 Reyes 13:4-6; 1 Reyes 17:17-24; 2 Reyes 5:1-17; 2 Reyes 20:5, 6; Salmo 30:2, 3; Salmo 91; Salmo 103:2-5; Salmo 107:17, 18, 19, 20. Isaías 53:4, 5; Isaías 61:1.

Puesto que hay mucha gente que ha oído respecto de la sanidad divina, pero no ha quedado completamente satisfecha respecto de si la Biblia enseña o no esa verdad, nos ha parecido bien comenzar por el Génesis y continuar a través de la Biblia escogiendo unos pocos pasajes sobresalientes que nos hablen de la obra de sanidad de Dios entre su pueblo. Estudiando estos pasajes con esmero y reflexión, con cualquiera que está dispuesto a recibir la verdad, uno puede demostrarle con seguridad que Dios sana a su pueblo. Este es el propósito de los primeros dos temas que figuran bajo esta materia.

GENESIS 20:17. Dios sanó a Abimelech por medio de la oración de Abraham.

En EXODO 15:26 Dios no sólo declara directamente que es "Jehová tu sanador," sino que promete también que si los hijos de Israel oyeren y

77

obedecieren sus palabras, no pondrá sobre ellos las enfermedades que puso sobre los egipcios. No es solamente una promesa de protección, sino también de liberación.

EXODO 23:25. Dios acababa de darles a los israelitas sus mandamientos. Promete aquí alivio de la enfermedad para toda la compañía. "Mas a Jehová vuestro Dios serviréis. . . y yo quitaré toda enfermedad de en medio de ti." Está tratando con su pueblo sobre bases nacionales.

NUMEROS 12:10-15. Aun cuando María y Aarón habían murmurado contra Moisés, y María había sido atacada de la lepra, Dios la sanó en respuesta a la oración de Moisés.

NUMEROS 21:5-9. Tenemos aquí no solamente sanidad, sino también, como tipo, la salvación: el pecado del pueblo, su castigo y la liberación proporcionada por Dios. Por Juan 3:14, 15 sabemos que la serpiente de metal simboliza a Cristo, hecho pecado por nosotros. Una mirada a él, nuestro Substituto, que fué levantado, bastará para recibir la sanidad para el cuerpo y el alma.

DEUTERONOMIO 7:15. Israel había fracasado. Por el temor y la incredulidad, se había negado a ir y poseer la tierra. Una nueva generación había venido ahora. Dios le da a ella las promesas de Exodo 15:26 y Exodo 23:25. "El temor y la incredulidad": dos enemigos gemelos que impiden que los hijos de Dios reciban su herencia.

DEUTERONOMIO 30:19, 20. "El es tu vida, y la longitud de tus días."

DEUTERONOMIO 32:39. "Yo hago vivir. . . . y yo curo."

DEUTERONOMIO 32:47. "Haréis prolongar los días sobre la tierra."

1 REYES 13:4-6. La sanidad del rey Jeroboam por medio de la oración de un siervo de Dios.

1 REYES 17:17-24. Dios devuelve la vida al hijo de la viuda, en respuesta a la oración de Elías.

2 REYES 5:1-17. La sanidad de Naamán. Tenemos aquí otro hermoso cuadro de la salvación, de la lepra del pecado, de la simplicidad de nuestra limpieza. "Ve y lávate... y serás limpio." Todo era tan sencillo que Naamán casi se negó a obedecer. El mundo desea trabajar para conseguir su salvación, pagar un precio elevado por su sanidad. Pero el método de Dios es siempre tan distinto. Sólo requiere la sencillez de la creencia.

2 REYES 20:5, 6. La vida de Ezechías prolongada por medio de la oración.

SALMO 30:2, 3. La canción de sanidad de David.

SALMO 91. Para aquéllos que habitan "al abrigo del Altísimo," existe protección de lazos, pestilencias, terrores, saetas, destrucciones, males, plagas y accidentes. ¿Por qué es que no tenemos su protección? Ora no vivimos en ese lugar de "abrigo," ora no reclamamos sus promesas para nosotros.

SALMO 103:2-5. Creemos a Dios en lo que respecta a la primera parte del versículo 3. ¿Por qué no creerle en lo que respecta a la última parte?

SALMO 107:17-20. El versículo 17 nos dice por qué viene la enfermedad. El versículo 19 nos dice lo que debe hacer el enfermo. El versículo 20 nos habla de la provisión que ha hecho Dios. Su Palabra, o el Verbo, a quien envió para sanar a los enfermos y liberarlos.

ISAIAS 53:4, 5. "Llevó él nuestras enfermedades, y sufrió nuestros dolores." ¿Las llevó? ¿Los sufrió? Sí, de acuerdo a la ley era "haz esto, y vivirás;" bajo la gracia, Cristo ha hecho todo por nosotros. Murió bajo el peso de nuestros pecados; sufrió nuestros dolores, nuestros sufrimientos; soportó las llagas para nuestra sanidad. Sí, Cristo ha hecho realmente todo por nosotros; guardó perfectamente los requisitos de la ley; allí compró nuestra salvación, nuestra sanidad.

ISAIAS 61:1. En Lucas 4:16-21, Cristo emplea este pasaje para explicar la razón de su venida, "para dar buenas nuevas," "para sanar a los quebrantados de corazón," "para pregonar a los cautivos libertad," "para poner en libertad a los presos." El mensaje dirigido a todos los cautivos—cautivos en cuerpo y alma—es el siguiente: "Cristo vino para ponerlo en libertad."

**Tema B. LA SANIDAD EN EL NUEVO TES-
        TAMENTO.**

Mateo 4:23, 24; Mateo 8:1-4; Mateo 8:5-13;
Marcos 8:22-25; Marcos 16:17, 18; Lucas 13:10,
17; Lucas 22:50, 51; Juan 9; Hechos 3:1-15, 16;
Hechos 5:14-16; Hechos 9:32-35; Hechos 14:8-10;
Hechos 16:16-18; Hechos 19:11, 12; Hechos 28:
3-6; Romanos 8:11; Santiago 5:14-16.

MATEO 4:23, 24. "Y rodeó Jesús... enseñan-
do... predicando... y sanando toda enfermedad
y toda dolencia en el pueblo... diversas enfermedades y tormentos... endemoniados... lunáticos
... paralíticos... y los sanó."

MATEO 8:1-4. La limpieza del leproso.

MATEO 8:5-13. La fe del centurión. "Ve, y
como creíste te sea hecho."

MARCOS 8:22-25. En ocasiones quedamos per-
plejos cuando recibimos solamente sanidad par-
cial. Aquí Cristo tocó al hombre ciego por segunda vez.

MARCOS 16:17, 18. ¿Dice acaso "y estas señales seguirán a los doce discípulos"? O "¿estas
señales seguirán durante el primer siglo?" No,
sino que dice: "Y estas señales seguirán a los que
creyeren." Luego ¿por qué es que tantos proce-
den como si no dijera así? Cuando la iglesia
perdió su fe, perdió su sanidad; cuando la iglesia
reconquistó su creencia, su fe, reconquistó la sanidad.

LUCAS 13:10-17. La sanidad de la mujer que
"tenía espíritu de enfermedad."

LUCAS 22:50-51. Jesús tocó y sanó la oreja del "siervo del príncipe de los sacerdotes."

JUAN 9. El ciego recibe su vista.

HECHOS 3:1-15, 16. "La sanidad se produce de acuerdo a vuestra fe." Mas, ¿quién es el que debe tener fe? En Mateo 8:1-4 fué la fe del leproso; en la historia del siervo del centurión, fué la fe del amo; y aquí, es Pedro quien tiene fe. Quizá el enfermo; tal vez el amigo que intercede; o el que eleva la oración. Dios busca *fe*. Dios recompensa la fe en dondequiera que la ve. ¿Decimos, cuando alguien no recibe la sanidad, después de haber orado por él: "Evidentemente no tenía fe"? ¿No es a veces nuestra forma de disculparnos por nuestra falta de fe? Pedro creyó para que el hombre enfermo recobrara la salud. Pedro sentía una fe valiente. No le dijo: "Ahora, si tiene fe para creer en el Señor, se sanará." No, sino que fué una fe que osó decir: "En el nombre de Jesucristo de Nazaret levántate y anda." Denominamos a Pedro impetuoso, temerario, jactancioso. Y así lo era en sus propias fuerzas. Empero cuando habló con la autoridad y fortaleza de Dios, diciendo: "En el nombre de Jesucristo de Nazaret," el hombre "saltando, se puso en pie y anduvo; y entró con ellos en el templo, andando, y saltando, y alabando a Dios." Dios, danos más personas como Pedro. ¿El secreto? Quizá se encuentre en el hecho que se encontraban de camino hacia el templo a la hora de oración. Cuando los ministros de Dios digan, como los apóstoles, "nosotros persistiremos en la oración, y en el ministerio de la Palabra," (Hechos 6:4) ¿no osarán decir también: "Levántate y anda"?

HECHOS 5:14-16. "Echaban los enfermos por las calles, y los ponían en camas y lechos, para que viniendo Pedro, a lo menos su sombra tocase a algunos de ellos." "Concurría multitud. . . trayendo enfermos. . .; los cuales todos eran curados." Ha habido aquéllos en cuya misma presencia el Espíritu se manifestabá de tal manera, que, sin que se dijera una sola palabra, los pecadores han clamado pidiendo misericordia; hay personas a cuyo toque centenares han caído postrados bajo el poder del Espíritu. Aquí la sombra de Pedro era todo lo que se necesitaba para la sanidad de la multitud. ¿Era Pedro el que sanaba? No, era el Dios de Pedro. Pedro mantenía un contacto tan íntimo con el Señor, y estaba tan lleno del Espíritu de Dios, que si los enfermos se aproximaban lo suficiente como para que su sombra los tocara, recibían la sanidad. La Palabra de Dios dice que Cristo será admirado en los que en él creyeron. ¿Satura el Señor de tal manera nuestra vida que cuando la gente nos observa, puede ver en nosotros al Señor, y admirarle? ¿Acuden a nosotros las multitudes, esperando encontrar el poder sanador de su presencia en nuestra sombra?

En HECHOS 9:32-35 observamos unas de las razones en virtud de la cual Dios quiere sanar a los enfermos. "Y viéronle todos los que habitaban en Lydda y en Sarona, los cuales se convirtieron al

Señor." Su nombre debe ser glorificado. ¿Y qué diremos si los fariseos de hoy no creen? Ello importa poco. Ayer fué la gente sencilla, "el común del pueblo," la que le "oía de buena gana." Y así ocurre hoy también. Nosotros debemos presentar a un Jesús que realiza milagros, y la gente, viéndolo, se volverá a él.

HECHOS 14:8-10. La sanidad del hombre cojo desde la época de su nacimiento.

HECHOS 16:16-18 pone de manifiesto o hace resaltar el poder que reside en el "nombre de Jesucristo." Nuestro Señor dijo lo siguiente: "Y todo lo que pidiereis al Padre en mi nombre, esto haré." ¿Cree en él? Se cuenta la historia de un niñito en el Africa pagana que cierto día encontró una página arrancada de una Biblia. En ella leyó respecto del poder que reside en el Señor Jesús. Sabía muy poco de la historia de la salvación, empero con la sencillez de la fe de un niño, se aferró a la promesa de poder en ese nombre. Se produjeron milagros. ¿Cómo? Por medio del poder en el nombre de Jesús. "Si nuestra fe fuera más sencilla, nos fiaríamos de su palabra."

HECHOS 19:11-12. Este es el versículo que constituye la base para mandar pañuelos y delantales a los enfermos.

HECHOS 28:3-6. El resultado de creer la primera parte de Marcos 16:18.

ROMANOS 8:11. Mientras que son muchos los que enseñan que este versículo se refiere a la resurrección del cuerpo, la construcción o redacción señala en forma clara que va más allá. En efecto, el cuerpo de la resurrección será inmortal, el resultado del cambio del "cuerpo mortal." Tenemos aquí el método de trabajar de Dios. El también aviva nuestros cuerpos mortales (destinados a la muerte) ahora por medio de su Espíritu que reside en nosotros.

SANTIAGO 5:14-16. ¿Está alguno enfermo entre vosotros? llame al médico y tome algún remedio..." ¡No! Dios, en su misericordia, ha proporcionado remedios que pueden ayudar a la humanidad, empero ése no es su plan principal. El ha dejado un mejor camino expedito para sus hijos. Es el camino de la fe. "La oración de fe salvará al enfermo, y el Señor lo levantará." Mas el versículo 16 tiene en sí algo que se pasa por alto con frecuencia. Es lo que impide muchas sanidades. No observamos que Dios dice: "Confesaos vuestras faltas. . . para que seáis sanos." Si hay pecado, la confesión y la limpieza deben venir primero.

Tema C. DIOS DESEA SANAR

Salmo 103:3; Isaías 53:4, 5; Mateo 8:1-4; Mateo 8:17; Lucas 13:16; Juan 10:10; 1 Pedro 2: 24; Hebreos 10:7; Hechos 10:38; Hebreos 13:8.

Habiendo demostrado por los dos temas precedentes que Dios sana, este tercer tema se proporciona con el objeto de demostrar que Dios no solamente sana, sino que también *desea* sanar. Muchas personas que entienden la primera parte nunca han comprendido la segunda. Por no haber comprendido esta segunda parte, no se han apropiado de la sanidad. Es para esta clase de personas que se dedica el tercer tema.

SALMO 103:3. Tenemos aquí no ya una promesa, sino una declaración. Dios dice que sana todas nuestras dolencias. "El que no cree a Dios, le ha hecho mentiroso." (1 Juan 5:10). ¿Creemos a Dios, o lo hacemos mentiroso?

ISAIAS 53:4, 5. El versículo precedente hace la declaración que Dios sana nuestras enfermedades, mas esto va un paso más adelante. En forma profética hace referencia a la cruz. Ve en ella al "Cordero, el cual fué muerto desde el principio del mundo." Y viéndole, el versículo dice: "Mas él herido fué por nuestras rebeliones, molido por nuestros pecados... y por su llaga *fuimos* nosotros curados... La obra está realizada. Si sólo creemos lo que él ha dicho, sabemos que la obra está completada. Fué proporcionada al mismo tiempo que nos salvó, es decir, en el mismo lugar: la cruz. ¿Desea sanarnos Dios? No necesitamos ya formular la pregunta, puesto que él ha completado ya la labor. Nótese qué íntima es la relación entre la sanidad y la salvación, y con qué frecuencia se la menciona.

MATEO 8:1-4. "Señor, si quisieres, puedes limpiarme." "Quiero; sé limpio." Mucha de la fuerza de estas palabras se ha perdido en la traducción. El significado del original es mucho más expresivo: "Señor, si realmente lo quieres," y "Realmente lo quiero,* sé limpio." O podría leerse "Si es tu voluntad," y "Es mi voluntad." Cristo afirma aquí en forma definida que quiere sanar. Luego, si quiere sanar, ¿no procedemos contra su voluntad cuando no recibimos la sanidad?

MATEO 8:17. Este versículo es la repetición de Isaías 53:4. Se señala nuevamente la obra como terminada ya.

LUCAS 13:16. Este versículo nos proporciona dos puntos. Uno de ellos señala que es Satanás que ata a los hijos de Dios. Dios trae enfermedad sobre los impíos, pero en ninguna parte de las Sagradas Escrituras lo hallamos que ponga enfermedades sobre sus hijos *obedientes*. La enfermedad es el resultado del pecado. Satanás es el instigador del pecado y aflige al pecador con la enfermedad. No, Dios no pone enfermedad sobre los suyos; la retira. Y no sólo la quita, sino que en este versículo dice que *debe ser* quitada. "Y a esta hija de Abraham, que he aquí Satanás la había ligado dieciocho años, ¿no convino desatarla de esta ligadura?" o como dice otra versión, "¿no *debiera ser desatada?*" Luego nosotros también, siendo hijos de Abraham por la fe, asimismo de-

---

* Nota del traductor: El vocablo "quiero" significa aquí propósito, determinación, resolución activa, una voluntad que insta a la acción, y no simplemente desear o estar dispuesto.

bemos ser desatados de las ligaduras con las que nos ató el diablo.

JUAN 10:10. Satanás vino a destruir. Cristo vino para dar vida, vida abundante. ¿Desea él que tengamos esta vida en nuestro ser? ¡Vino para este fin!

1 PEDRO 2:24. "Hábéis sido sanados." Nuevamente se habla de la obra como de un hecho realizado ya.

HEBREOS 10:7; HECHOS 10:38 y HEBREOS 13:8, deben emplearse juntos. El primero nos dice que Jesús vino a hacer la voluntad de Dios; el segundo, en qué consiste esa voluntad que vino a cumplir,—sanar a todos los oprimidos del diablo—y el tercero demuestra que Cristo es el mismo hoy, y hace lo mismo,—"Jesucristo es el mismo ayer, y hoy, y por los siglos." Dios quiere sanar a su pueblo, y el Señor Jesucristo vino para ese fin. Y cumplió entonces ese propósito, y lo cumple en la actualidad.

¿Qué diremos entonces respecto del deseo de Dios de sanar? Dios ha sanado siempre; promete sanar; declara que sana; nos dice que le pidamos que nos sane; ha tomado medidas para nuestra sanidad; nos ordena que acudamos para la sanidad; envió su Palabra para sanarnos; nos dice que es su voluntad sanarnos; manifiesta que debemos ser sanados; por medio de Cristo nos ha sanado ya. Sí, Dios desea con seguridad sanar a su pueblo.

"Si esto es así," nos dirá el lector, "¿por qué es que no todos son sanados?" Rara vez es prudente considerar el lado negativo de un asunto. Debemos creer sin reservas la Palabra de Dios, fundamentarnos en ella, y esperar que él la cumpla en nosotros. Dios habla, nosotros creemos. Esto debe ser suficiente. Y sin embargo, en calidad de obreros cristianos, comprendiendo que no todos reciben la sanidad a pesar de la estipulación divina, que todo lo abarca, estudiemos, en virtud de las cuestiones y problemas que surgirán en este aspecto, por unos momentos para ver justamente lo que provoca nuestros fracasos. Pero antes de comenzar, comprendamos que los fracasos se deben a nosotros, y no a Dios. Dios ha prometido. Sus promesas no pueden fallar.

"Pero pida en fe, no dudando nada." Santiago 1:6. La causa mayor, es naturalmente, la falta de fe. Quizá signifique más si lo expresamos de la manera siguiente: la causa del fracaso es nuestra incredulidad en Dios. Creemos lo que nos dicen nuestros amigos, cuando sabemos que son seres humanos muy débiles; y sin embargo, por alguna razón particular, no creemos en el Gran Creador y Sostenedor del Universo. Esto parece extraño. Quizá se trate de que dudamos de nosotros mismos más bien que de Dios. ¿Volvemos la vista a nuestra fe, preguntándonos si será lo suficientemente fuerte como para darnos la victoria? Esta ilustración se ha empleado con propiedad para abarcar el punto. Supongamos que llegamos a un puente que atraviesa la corriente. ¿Comenzaríamos a interrogarnos a nosotros mismos, con respecto a si nos sentimos inclinados a cruzarlo con seguridad? ¿O consideraríamos el puente, a fin de comprobar si las bases eran firmes, si la estructura era sólida como para resistir nuestro peso? Con seguridad que no consideraríamos nuestra propia habilidad o capacidad, sino que decidiríamos respecto de la seguridad del puente. Luego entonces ¿por qué nos examinamos a nosotros mismos, cuando se nos dice que sentemos la planta en el puente de la Palabra de Dios? ¿Tengo fe suficiente? Tal vez fracasaré. ¿Y si yo...? Mas, ¿debo confiar en mí mismo? El yo ha sido siempre un fracaso, y lo será. Mas este asunto es completamente distinto. Dios es quien ha hablado aquí. Ha construído el puente. ¿Debemos confiar en este puente? ¿Puede él, nuestro Creador, hacer lo que ha prometido? ¿Piensa Ud. que él es lo suficientemente fuerte? Luego entonces dejemos de interrogarnos a nosotros mismos, cesemos de examinar la cantidad y cualidad de nuestra fe, mas miremos a la Palabra de Dios, y la fuerza que respalda esa Palabra. ¿Por qué fijamos nuestros ojos en un pigmeo, cuando se nos ha revelado un Gigante?

¿Abarca esto todos nuestros fracasos? Con seguridad que abarca la mayor parte, pero hay otras cosas que entran en ellos. Según Santiago 5:14-16, vemos que debemos confesar los pecados. No puede existir la menor duda de que con frecuencia esto constituye un obstáculo. Y sin embargo, en realidad, esto también se debe a la incredulidad. Si hubiéramos aceptado realmente la Palabra de Dios, sabiendo lo que es el pecado, conociendo el camino de la limpieza, y sabiendo lo que nos espera, ¿lo dejaríamos que continuara en nuestra vida? "Mas si una persona busca la sanidad y no la recibe de inmediato, ¿le diría Ud. que quizá tiene pecado en su vida?" Sí, y no. Ud. puede decirle que no sabe lo que hay en su corazón, pero que cuando en su propia vida la sanidad tarda en llegar, Ud. le pide al Señor que le revele cualquier cosa en su vida que constituye un obstáculo, y que el Señor es siempre fiel en revelarle la causa de la dificultad. ¿No llevará esta forma de proceder a un examen de corazón, sin provocar resentimiento?

¿Existen otras causas? Sí, Dios nos menciona otras. "Pedís, y no recibís, porque pedís mal, para gastar en vuestros deleites." Santiago 4:3. Debemos pedir cosas que glorifiquen a Dios. Desde este punto de vista parece seguramente que debemos pedir la sanidad, pues en realidad no es para gloria de Dios el que sus hijos no reciban su herencia. Es cuando el mundo ve milagros que desea acudir al Señor. El ver a aquéllos cuyas vidas parecen negar la Palabra de Dios no trae gloria al nombre de Cristo. No piense que su enfermedad agrada o glorifica a Dios. Probablemente acarrea vergüenza y no gloria a su nombre. Luego entonces, si es que la sanidad traerá gloria a su nombre, ¿por qué no lo sana? El Señor lo ama demasiado y quizá no lo sana porque pide para gastar en sus deleites. El Señor, para quien el futuro no tiene enigmas, sabe lo que Ud. haría con la salud y el vigor si los tuviera, y así, inspirado por la sabiduría y el amor, lo protege de Ud. mismo. Y así volvemos casi al mismo lugar. Si el corazón estuviera en el lugar que debe estar, no necesitaría ser protegido de los pecados futuros, y si la fe fuera perfecta, el pecado no permanecería.

Una vez más veamos lo que nos dice Santiago: "La prueba de vuestra fe obra paciencia." Santiago 1:3. ¿No insistimos a veces que Dios nos responda cuando nosotros queremos, y no cuando es su voluntad? "Dios vive en el eterno presente." Dios jamás procede con premura. Hace todo a su debido tiempo. Quizá esté tratando de poner a prueba nuestra fe. ¿Somos de aquéllos que dicen: "Señor, te creeré si me sanas ahora; empero si no recibo hoy la respuesta, iré mañana al médico?" ¿Cree Ud. que alguien le ha hablado a Dios de esta manera alguna vez? A veces nuestra fe es algo semejante. Es la clase de fe que necesita ver los resultados. ¿Es fe? Dios dice que la fe es la "demostración de las cosas que no se ven." Si se recibe siempre la respuesta de inmediato, ¿requeriría verdadera fe? Fe consiste en creer en la Palabra de Dios sin ver; la fe se refleja en la intrepidez de adoptar una postura firme, aunque no se divise el menor rayo de esperanza.

Con frecuencia Dios pone a prueba la fortaleza de nuestra fe. ¿Por cuánto tiempo podrá resistir la tensión sin romperse? ¿Qué peso podrá sostener sin derrumbarse? ¿Es la clase de fe que afirma "escrito está" y nos inspira a adoptar una posición firme? ¿Se anida en nuestro corazón la fe que como el *bulldog*, si se nos perdona la comparación, nos capacita para asirnos de algo, sentar nuestra planta y permanecer firmes? "Para que la prueba de vuestra fe, mucho más preciosa que el oro, el cual perece, bien que sea probado con fuego, sea hallada en alabanza, gloria y honra, cuando Jesucristo fuere manifestado." 1 Pedro 1:7.

¿Qué diremos de todo esto? Si las dificultades residen en nuestra falta de fe, desviemos la vista de nosotros mismos y confiemos en Dios; si es pecado, pidamos al Señor que nos lo revele, nos dé gracia para confesarlo y luego nos limpie; si es un motivo egoísta, renunciemos a nuestros propios anhelos y busquemos solamente hacer su voluntad; si Dios busca demostrar la medida de nuestra fe, que ella no sea "semejante a la onda de la mar, que es movida del viento, y echada de una parte a otra;" mas que sea como la fe, que cuando fué probada, ofreció a Isaac, "pensando que aun de los muertos es Dios poderoso para levantar."

¿Desea Dios sanar? Sí. ¿Sanará Dios? Nuevamente diremos que sí. Cuando hayamos cumplido las condiciones, Dios siempre nos bendecirá. Recordemos que las Escrituras dicen "conforme a vuestra fe os sea hecho," y no "conforme a vuestra incredulidad." El orden del hombre es el siguiente: "emociones, hechos, fe": mas el plan de Dios es siempre: " Fe, hechos, emociones."

PREGUNTAS

1. ¿Qué versículo promete protección tanto como liberación? ¿Qué condición se impone para la protección?

2. ¿En dónde se encuentra la historia de la sanidad de Naamán? ¿Cuáles son las lecciones que se enseñan en esta historia?

3. ¿Cuántas señales se mencionan en Marcos 16: 17, 18? ¿A quiénes deben seguir estas señales?

4. ¿Cuál es el fundamento de la fe del creyente? ¿Es más seguro confiar en la Palabra de Dios o en la habilidad del hombre?

5. ¿En qué atmósfera crece la fe? Nombre algunos de los obstáculos de la fe.

6. Cite Santiago 5:14-16.

7. Dé tres citas bíblicas que demuestran la buena voluntad de Dios de sanar. Si no somos sanados, ¿en dónde está la falta?

8. Dé una ilustración que demuestra la necesidad de mantener nuestros ojos fijos en Dios y su provisión, más bien que en nuestra fe.

9. Dé cuatro grandes razones que impiden recibir la sanidad.

LECCION 6

LA SEGUNDA VENIDA DEL SEÑOR

Tema A.   ¿VIENE?

Daniel 7:13, 14; Zacarías 12:10; Juan 14:3; Hechos 1:11. (Omita la primera parte. Comience por las palabras: "Varones Galileos.") Apocalipsis 22:20.

DANIEL 7:13, 14 nos proporciona un cuadro del Noble de Lucas 19:12 que "partió a una provincia lejos, para tomar para sí un reino, y volver." En la visión Daniel le ve justamente antes de retornar, en circunstancias que recibe el reino de manos de su Padre.

ZACARIAS 12:10 demuestra claramente que Cristo se le aparecerá al pueblo judío "y mirarán a mí, a quien traspasaron."

JUAN 14:3. Algunos, no deseando creer que Cristo vendrá realmente a la tierra de nuevo, enseñan que este versículo se refiere a la salvación del alma, o a la muerte del creyente. Cualquiera de estas dos sugerencias es por completo imposible, puesto que en la salvación, somos *nosotros* quienes recibimos, (Juan 1:12), mientras que en la muerte los *ángeles* son quienes reciben nuestros espíritus (Lucas 16:22) y nos llevan al Señor.

HECHOS 1:11 es uno de los más claros y definidos de los muchos pasajes de la segunda venida. Nos demuestra que aquel que retornará será el mismo Jesús, no un espíritu, sino el hombre Jesucristo. Vendrá del cielo, y vendrá de la misma forma que se fué, es decir, en forma visible.

APOCALIPSIS 22:20. Cristo, por intermedio del apóstol Juan dice: "Ciertamente, vengo en breve." Y la esposa que espera exclama: "Amén, así sea. Ven, Señor Jesús."

Tema B. ¿COMO VENDRA?

EL TRASLADO. Mateo 24:37-39; 1 Corintios 15:51, 52; 1 Tesalonicenses 4:16, 17.

LA REVELACION. Mateo 24:30; Apocalipsis 1:7.

La Palabra de Dios nos habla de dos fases diferentes de la venida de Cristo: la primera, que se conoce con el nombre de Traslado, o Rapto, es Cristo que viene en el aire a llevarse a la iglesia que lo espera. La resurrección de los cuerpos de los creyentes muertos tendrá también lugar en esta época. Esta fase de su venida no será vista por el mundo. Sin embargo, el mundo no puede permanecer por mucho tiempo en ignorancia respecto de lo que ha acontecido. Aquellos que dijeron "¿dónde está la promesa de su advenimiento? porque desde el día que los padres durmieron, todas las cosas permanecen así como desde el principio de la creación," no pueden ya mantener los ojos y el corazón cerrados, puesto que algo ha ocurrido. Aquellas personas que vivían entre ellos, de cuyo testimonio se burlaron, ridiculizándolo, han desaparecido misteriosamente. ¿Sería posible que al parecer aquellos engañados hubieran tenido razón en sus declaraciones? ¿Es esto, que parece tan raro, tan carente de verisimilitud, la verdad después de todo? Empero sus mentes no quedarán por mucho tiempo en la duda, puesto que muy pronto la gran catástrofe de la tribulación descenderá sobre ellos, y desfallecerán los hombres por el temor y la expectación respecto de las cosas "que sobrevendrán a la redondez de la tierra." Luego, después que el período de la tribulación se cumpla, tendrá lugar la revelación del Señor. Esta vez será visto de todos los que quedan sobre la tierra, puesto que aquí establecerá su trono, desde el cual, por mil años, gobernará la tierra con justicia.

MATEO 24:37-39 nos habla de la falta de preparación de los que viven en la tierra. Dios nos ha hablado, una vez tras otra, respecto de la venida de Cristo. Se ha referido a las señales que la preceden, para que todos entiendan la época. Les ha advertido en el sentido de estar preparados; y sin embargo, tenemos aquí un cuadro del mundo a su venida: sin preparación, como lo estaba la gente en la época de Noé. Cuando miramos a nuestro alrededor, no podemos menos que comprender que el mundo se acerca rápidamente a la situación que prevalecía en la época de Noé. La misma incredulidad y maldad abunda por todos lados. El juicio hoy, como en el pasado, será el resultado ineludible.

1 CORINTIOS 15:51, 52. La resurrección de

los creyentes muertos, el traslado de los vivos.

1 TESALONICENSES 4:16, 17. "Juntamente con ellos, seremos arrebatados en las nubes, a recibir al Señor en el aire." ¡Qué día más glorioso!

MATEO 24:30. El Rey viene con "grande poder y gloria."

APOCALIPSIS 1:7. Cristo es aquí visible a todos. Es su revelación.

Tema C. ¿CUANDO VENDRA?

Mateo 24:14; Mateo 25:13; Lucas 21:25-28; 2 Tesalonicenses 2:3; Hebreos 10:37.

Pocas personas comprenden el lugar que la segunda venida de Cristo tiene en nuestra Biblia. Con seguridad que cualquier materia de la cual se habla trescientas diez y ocho veces en el Nuevo Testamento, y es tema de un versículo de cada diecisiete, en toda la Biblia, es asunto respecto del cual el Señor quiere que su pueblo sepa.

El Señor no nos expresa con claridad cuándo se producirá el traslado o rapto. Se nos aconseja empero velar. "Porque el Hijo del hombre ha de venir a la hora que no pensáis." El Señor no quiere que sepamos cuándo viene. Debemos estar preparados para recibirle en cualquier momento. Que se sepa, no hay profecía que deba cumplirse primero. El traslado de la iglesia es algo que debemos esperar que ocurra en cualquier momento. Con la Revelación, el Señor ha procedido en forma más precisa, definida, puesto que ha predicho muchos acontecimientos que ocurrirían a través de los años, y por los cuales se podría precisar el tiempo. Esto sabemos: la venida del Señor no puede hallarse muy lejana ahora, puesto que "la profecía se convierte rápidamente en historia."

MATEO 24:14. Con seguridad que esto se ha cumplido prácticamente ya, puesto que salvo dos o tres naciones pequeñas, todas han recibido el mensaje. ¿Y quién sabe si estas naciones no oyeron en alguna otra época la Palabra de Dios?

MATEO 25:13. La advertencia que hace el Señor en este versículo es "velad." Este versículo y otros similares deben ser prueba concluyente de que el retorno de Cristo es pre-milenario. Muchos enseñan en la actualidad que el mundo mejora paulatinamente; que el hombre se perfecciona a sí mismo; y que pronto las cosas adquirirán tal grado de mejoramiento, de perfección, que vendrá el milenio y la justicia prevalecerá sobre la tierra. Luego, cuando la obra del hombre haya procurado los mil años de paz y justicia, nos dicen que Cristo vendrá. ¡Qué distintas son las palabras de Dios! "Mas los malos hombres y engañadores, irán de mal en peor, engañando y siendo engañados." No se insinúa aquí que las cosas mejorarán. No, la Palabra de Dios nos dice repetidamente que el desorden, la desobediencia, aumentarán hasta llegar a su punto culminante en el "hombre de pecado," "al cual el Señor matará con el Espíritu de su boca, y destruirá con el resplandor de su venida." Es sólo la venida del Señor la que podrá traer la justicia a este mundo sumido en el pecado. Cuando él retorne a reinar, eche fuera al diablo, corrija el desorden y la desobediencia, luego entonces se producirán los mil años de paz, y no antes. Si, como nos dicen muchos, Cristo no puede venir hasta el fin del milenio, ¿por qué es que Dios nos dice continuamente que debemos velar en espera de ese acontecimiento? ¿Cómo sería posible velar por algo que está cuando menos mil años distante? No, gracias al Señor, el acontecimiento que él nos dice que esperemos no está a mil años de distancia. Es su venida, en busca de los suyos, la que nos dice que esperemos, y ella puede ocurrir en cualquier momento.

LUCAS 21:25-28. El acontecimiento inmediatamente anterior a su revelación.

2 TESALONICENSES 2:3. Seguramente que la apostasía se ha producido ya, y el hombre de pecado podrá revelarse en cualquier momento. Hace unos pocos años decíamos: "No tardará mucho sin que la apostasía esté sobre nosotros." Ya no se puede decir eso, puesto que está sobre nosotros. Pastores, iglesias, escuelas están cayendo en la apostasía. Por todas partes se niega la fe "que ha sido una vez dada a los santos."

HEBREOS 10:37. Con seguridad que el "un poquito" debe de haber casi transcurrido ya. Nuestro Señor está casi a las puertas.

Tema D. ¿PARA QUIENES VIENE?

1 Corintios 15:23; Hebreos 9:28; Apocalipsis 16:15; Apocalipsis 17:14.

1 CORINTIOS 15:23. "Los que son de Cristo." ¿Somos suyos, rendidos completamente a él, y dirigidos por él?

HEBREOS 9:28. "De los que le esperan." ¿Hacia dónde se vuelven nuestros ojos? ¿Miran a las cosas que nos rodean, o se elevan hacia el cielo, anhelando a Jesús, el Salvador? "Señor, ayúdanos a desviar los ojos de las cosas, para fijarlos en ti."

APOCALIPSIS 16:15. "Vela, y guarda sus vestiduras." Nuestros ojos deben vigilar, y nuestras ropas deben estar limpias siempre.

APOCALIPSIS 17:14. "Llamados, y elegidos, y fieles." Hemos sido llamados; hemos sido escogidos. ¿Demostramos fidelidad?

PREGUNTAS

1. Nombre los cuatro temas en que se divide esta lección.
2. Demuestre que Juan 14:3 no puede referirse a la salvación del alma o a la muerte del creyente.
3. Cite Hechos 1:11.
4. Describa la fase de la segunda venida, que conocemos con el nombre de traslado o rapto, empleando cuando menos dos versículos en calidad de referencia, o cita.
5. Describa la "revelación" de Cristo, dando versículos.

6. Complete la siguiente afirmación: "La segunda venida de Cristo se menciona .... veces en el Nuevo Testamento y se menciona en uno de cada .... versículos en la ....

7. Cite Mateo 25:13.

8. Dé razones por las cuales creemos que la venida de Cristo es pre-milenaria.

9. ¿Para quiénes viene Cristo?

10. Cite Hebreos 9:28.

LECCION 7

EL BAUTISMO CON EL ESPIRITU SANTO

Tema A.   LA LLUVIA TARDIA.

Isaías 28:11, 12. (Omita la última parte. Termine con las palabras: "Y éste es el refrigerio.") Oseas 6:3; Joel 2:23; Zacarías 10:1; Santiago 5:7.

Tenemos en la Biblia lo que denominamos "la ley de doble referencia." Mientras que Dios habla claramente de una cosa, indirectamente se refiere a otra. Es la ley de "doble referencia," que emplea al hablar de la lluvia tardía. En primer lugar se refiere naturalmente a la lluvia literal que fué prometida a la Tierra de Palestina si los hijos de Israel seguían sus estatutos (Deuteronomio 11:13, 14) ; en segundo lugar, con frecuencia se refiere a la lluvia como símbolo del derramamiento del Espíritu Santo. El que tenga este doble significado no se dudará cuando se estudien los pasajes.

ISAIAS 28:11, 12. La "lengua de tartamudos," y la "extraña lengua" se mencionan como "refrigerio." El derramamiento del Espíritu Santo se compara a la frescura y la nueva vida que la lluvia imparte a los campos secos.

OSEAS 6:3. El Señor es comparado a la lluvia que descenderá en Israel.

JOEL 2:23. Se predice aquí un gran derramamiento. "Y hará descender sobre vosotros lluvia temprana y tardía como al principio."

ZACARIAS 10:1. Se nos ordena que pidamos, y él "os dará lluvia abundante... a cada uno."

SANTIAGO 5:7. Aquí se habla de la lluvia en sentido muy preciso en su relación con la venida del Señor. Así como el "labrador espera".... "la lluvia temprana y tardía".... para que madure "el precioso fruto de la tierra," así también nosotros debemos de esperar la lluvia del Espíritu para que madure los frutos espirituales en preparación para el retorno del Señor.

Tema B.　LA PROMESA DEL PADRE.

Lucas 11:13; Lucas 24:49; Juan 14:16, 17; Hechos 1:4, 5; Hechos 2:38, 39.

Aquí el Bautismo en el Espíritu Santo se denomina con otro nombre: la "Promesa del Padre."

En LUCAS 11:13 se hace una hermosa comparación. Si los padres terrenos saben dar "buenas dádivas" a sus hijos, ¿cuánto más el Padre Celestial dará el buen Don—el Espíritu Santo—a los hijos que se lo piden? ¿Desea Dios que sus hijos tengan el Espíritu Santo? Seguramente que sí. Lo denomina un buen don que dará. Ha prometido que "no quitará el bien de los que en integridad andan."

LUCAS 24:49. Se les dijo a los discípulos que esperaran hasta que fueran llenos del poder de lo alto, que el Espíritu Santo, prometido del Padre, les daría. Si alguna vez la iglesia ha necesitado poder de lo alto en la predicación, es en estos últimos días de terrible apostasía. "Asentad... hasta que seáis investidos," es la única respuesta.

JUAN 14:16, 17. Se habla aquí del Espíritu prometido como del Consolador y el Espíritu de Verdad. Más y más se necesitará de él en lo futuro, puesto que no sabemos qué le espera a la iglesia. Si nos espera terrible persecución, necesitaremos con seguridad el Espíritu Santo en calidad de Consolador extraordinario, si es la obscuridad de la apostasía siempre creciente, cuán necesario será poseer al Espíritu de verdad mismo.

HECHOS 1:4, 5. "Bautizados con el Espíritu Santo." Así como Juan bautizaba con agua, así también el Señor Jesús bautizaba con el Espíritu. ¡Qué maravilloso es ser sumergido en el Espíritu de Dios!

HECHOS 2:38, 39. "Arrepentíos y bautícese ... y recibiréis el don del Espíritu Santo." Se denomina aquí don al Espíritu. Así como Cristo es el don de Dios, así como nuestra salvación es un don, y la fe es un don, así también el Espíritu Santo es un don de Dios. Dios hace todo. Nosotros sólo tenemos que rendirnos y recibir. "Porque para vosotros es la promesa, y para vuestros hijos, y para todos los que están lejos." El Don de Dios no fué sólo para los cientoveinte, sino que es para nosotros en la actualidad, como lo fué para ellos.

Tema C. EL CUMPLIMIENTO DE LA PROMESA.

Hechos 2:1-4; Hechos 2:14-18; Hechos 2:33; Hechos 8:17; Hechos 10:44-46; Hechos 19:6.

HECHOS 2:1-4. Cuando Dios hace una promesa, él la cumple. Tenemos aquí el primer cumplimiento de la promesa del Espíritu. Sabemos por los Hechos 1:14 que los que buscaban el Espíritu, "perseveraban unánimes en oración y ruego." En este pasaje leemos de nuevo que estaban "unánimes." Esta, luego, parece haber sido la actitud de aquéllos que estaban llenos del Espíritu Santo, y éste debe ser el modelo para aquellos que buscan el Espíritu Santo: "Unánimes en oración y ruego." ¿Y qué ocurrió? "Un estruendo del cielo, como de un viento recio que corría, el cual hinchió toda la casa donde estaban sentados; y se les aparecieron lenguas repartidas, como de fuego,... y comenzaron a hablar en otras lenguas." Al hablar a Nicodemo, Cristo había comparado el Espíritu con el viento. Aquí se hace referencia al Espíritu como un "viento recio." Esto es algo que ocurre hoy con frecuencia. "Y se les aparecieron lenguas repartidas, como de fuego." Durante el gran derramamiento del Espíritu Santo en la India, hace unos pocos años, se vieron muchas veces las lenguas de fuego, mientras que en otros varios lugares se ha presenciado lo mismo. "Y comenzaron a hablar en otras lenguas." El resultado de este hablar en otras lenguas será considerado en el próximo párrafo.

HECHOS 2:14-18. "Estos no están borrachos, como vosotros pensáis." ¿Debe causarnos sorpresa que la gente de hoy que mira no entiende las manifestaciones del Espíritu, y las atribuya a causas erróneas o equivocadas?

HECHOS 2:33. No, no fué la ebriedad la que produjo las manifestaciones. Fué la obra del Espíritu Santo, que todos podían ver y oír.

HECHOS 8:17. Los samaritanos recibieron el Espíritu Santo cuando los apóstoles pusieron las manos sobre ellos.

HECHOS 10:44-46. El día de Pentecostés el Espíritu Santo vino como viento y como fuego, mientras los discípulos estaban orando. En Samaria el pueblo le recibió mediante la imposición de manos de los apóstoles; en la casa de Cornelio "estando aún hablando Pedro estas palabras, el Espíritu Santo cayó sobre todos los que oían el sermón." Es evidente que Dios tiene diversas formas y momentos de operar, puesto que tenemos aquí tres formas de recibir: en oración, por la imposición de manos, y mientras se pronuncia el mensaje. Mas, ¿cómo supieron Pedro y los que estaban con él que esta gente había recibido el Espíritu Santo? ¡Este bautismo no era para ellos, puesto que eran gentiles y (ver. 47) ni aún bautizados en agua! ¿Cómo supieron Pedro y sus compañeros que esos gentiles habían recibido el

107

Espíritu Santo? "Y se espantaron los fieles... de que también sobre los gentiles se derramase el don del Espíritu Santo, *porque* los oían que hablaban en lenguas y que magnificaban a Dios." Pedro y sus compañeros lo supieron puesto que "los oían que hablaban en lenguas." Era para ellos la señal en aquellos días. ¿Debe ser hoy una señal menor?

HECHOS 19:6. En Efeso, la imposición de manos efectuada por Pablo fué seguida de la venida del Espíritu Santo, con la manifestación de lenguas y profecía.

¿Dice la Biblia que una persona debe hablar en lenguas cuando recibe el bautismo en el Espíritu Santo? No, pero lo infiere o insinúa en forma pronunciada. En Jerusalem, en la casa de Cornelio y en Efeso se menciona en forma precisa que los que recibieron el Espíritu hablaron en otras lenguas. El apóstol Pablo dice: "Doy gracias a Dios que hablo lenguas más que todos vosotros." De manera que aunque no se hace mención de su bautismo, es muy evidente que también habló en lenguas. Consideremos por unos momentos los pasajes en donde no se menciona el hablar en lenguas en forma precisa. En Samaria, "como *vió* Simón que por la imposición de las manos de los apóstoles se daba el Espíritu Santo, les ofreció dinero." "Como Simón *vió.*" Es evidente que se observó aquí alguna manifestación por la cual podía comprender que "se daba el Espíritu Santo." ¿No fué acaso, con toda probabilidad, la señal acostumbrada de las lenguas? En Hechos 4:31, cuando los discípulos, debido a la persecución, habían orado pidiendo intrepidez para proclamar el mensaje, aunque la casa fué sacudida por el poder del Espíritu, no se hace mención de las lenguas. ¿Por qué? No había necesidad de ello. Los mismos discípulos habían recibido ya el revestimiento inicial del Espíritu Santo el día de Pentecostés, y en donde las lenguas se definen en forma precisa. En todos los casos en donde no se menciona en forma definida la señal de las lenguas, se la insinúa en forma enfática. Cuando recibimos el bautismo, ¿hablaremos en lenguas? Cuando recibimos el Espíritu como lo recibieron los cristianos primitivos, ¿no lo recibiremos como lo recibieron ellos?

Se obviarían muchas dificultades respecto de este tema si la gente comprendiera la distinción entre las lenguas como don, y las lenguas como señal. No se deben confundir. Las lenguas, como señal, constituyen la evidencia inicial del bautismo con el Espíritu Santo, mientras que las lenguas como don son uno de los dones que el Espíritu confiere, "repartiendo particularmente a cada uno como quiere." Sabemos por 1 Corintios 12:31 que es el don del cual habla Pablo, cuando en 1 Corintios 12:30 dice: "¿Hablan todos lenguas?" Si se entiende esta distinción, muchas de las dificultades serían vencidas.

Tema D.   LA OBRA DEL ESPIRITU.

Juan 14:26; Juan 15:26; Juan 16:8-11; Juan 16:13, 14; 2 Corintios 3:18.

Hemos estado hablando del bautismo con el Espíritu. Veamos ahora cuál nos dice la Biblia que es la obra del Espíritu en el corazón.

JUAN 14:26. "El Consolador... él os enseñará todas las cosas, y os recordará todas las cosas que os he dicho." Es realmente el Consolador de nuestros corazones.

JUAN 15:26. "El dará testimonio de mí." Sí, hace de Jesús una realidad mayor, más maravilloso que antes.

JUAN 16:8-11. Se demuestra aquí la obra del Espíritu hacia el mundo. "Redargüirá al mundo de pecado, y de justicia, y de juicio." Sólo él puede convencer del pecado. ¡Cómo necesitamos su poder en nuestro mensaje!

JUAN 16:13, 14. "El os guiará a toda verdad." "Hará saber las cosas que han de venir." "El me glorificará." Con seguridad que necesitamos su dirección, su iluminación, su glorificación.

2 CORINTIOS 3:18. Por medio del Espíritu, somos cambiados a la imagen de Dios. "Por medio de tu' poder transformador, oh Espíritu de Dios, perfecciona aquello que nos concierne."

Cuando un alma ha sido salvada, se le debe instar de inmediato a que busque el bautismo con el Espíritu, puesto que ésta debe ser la experiencia normal de todo creyente nacido de nuevo. Nunca estará en mejor situación de recibirlo, y nunca necesitará más que ahora el poder protector y director del Espíritu. Se le debe impartir instrucciones en el sentido de apropiarse de una de las promesas de Dios, relativa al Espíritu Santo, y reclamarla para sí. Un alma debe ser salvada, limpia, rendida, y debe creer. Esto es todo lo que se requiere.

"¿Y qué puede decir del método a emplearse para que el candidato reciba el bautismo?" se preguntará el lector. "¿Qué debo hacer para ayudar al que busca el bautismo?" La Biblia menciona tres formas según las cuales la gente recibe el bautismo, y solamente tres: "Estando aún hablando Pedro," "entonces les impusieron las manos," y cuando "perseveraban unánimes en oración y ruego." Después de todo, ¿quién es el que bautiza? ¿Buscamos bautizarlos *nosotros*, o es ésta la obra del Señor? A juzgar por la manera que bregamos, se diría que somos nosotros quienes queremos bautizarlos. Muchos de nuestros esfuerzos no son solamente inútiles, sino también absolutamente dañosos. Con el ruido y la confusión, ¡cuántas dificultades ponemos a veces en el camino del alma que trata de sumergirse en Dios! Cuando Dios bautiza en tales circunstancias, no es por nuestros esfuerzos, sino a pesar de ellos. En tales casos, nuestros esfuerzos fueron obstáculos adicionales que tanto Dios como el creyente que buscaba el bautismo en el Espíritu Santo tuvieron que superar.

PREGUNTAS

1. Designe los cuatro temas de esta lección.
2. ¿Cuál es la ley de doble referencia?
3. Ilustre de qué manera se emplea esta ley en relación a las profecías del derramamiento del Espíritu Santo.
4. Cite Oseas 6:3.
5. Explique Lucas 11:13 como lo haría ante una persona que desea el bautismo en el Espíritu Santo.
6. Cite Hechos 2:38, 39. ¿Qué significado particular tiene este pasaje?
7. Dé las seis referencias respecto del cumplimiento de la promesa.
8. ¿De qué manera supieron Pedro y los que con él estaban que los gentiles en la casa de Cornelio fueron bautizados en el Espíritu?
9. ¿Qué cree Ud. que vió Simón que lo hizo desear comprar el poder que tenía el apóstol? Hechos 8:18.
10. Haga una distinción entre las lenguas como señal, y las lenguas como don.
11. Haga una lista de las cosas que el Espíritu viene a realizar en el creyente.
12. "Por tanto, nosotros todos, mirando a cara descubierta. . ." Complete este versículo y diga dónde se encuentra.